经典经济学轻松读

卡尔·波兰尼：撒旦磨坊

[韩]吴承浩 著
[韩]尹炳哲 绘
王星星 译

中国科学技术出版社
·北京·

Satanic Mills by Karl Polanyi
©2022 Jaeum & Moeum Publishing Co.,LTD.
|주|자음과모음
Devised and produced by Jaeum & Moeum Publishing Co.,LTD., 325-20, Hoedong-gil, Paju-si, Gyeonggi-do, 10881 Republic of Korea
Chinese Simplified Character rights arranged through Media Solutions Ltd Tokyo Japan email:info@mediasolutions.jp in conjunction with CCA Beijing China
北京市版权局著作权合同登记 图字：01-2022-6294。

图书在版编目（CIP）数据

卡尔·波兰尼：撒旦磨坊 /（韩）吴承浩著；（韩）尹炳哲绘；王星星译. —— 北京：中国科学技术出版社，2023.6

ISBN 978-7-5236-0214-0

Ⅰ.①卡… Ⅱ.①吴…②尹…③王… Ⅲ.①卡尔·波兰尼—经济思想—思想评论 Ⅳ.① F095.15

中国国家版本馆 CIP 数据核字（2023）第 071255 号

策划编辑	申永刚　王碧玉	封面设计	创研设
责任编辑	陈　思	责任校对	邓雪梅
版式设计	蚂蚁设计	责任印制	李晓霖

出　　版	中国科学技术出版社
发　　行	中国科学技术出版社有限公司发行部
地　　址	北京市海淀区中关村南大街 16 号
邮　　编	100081
发行电话	010-62173865
传　　真	010-62173081
网　　址	http://www.cspbooks.com.cn

开　　本	787mm×1092mm　1/32
字　　数	56 千字
印　　张	5.375
版　　次	2023 年 6 月第 1 版
印　　次	2023 年 6 月第 1 次印刷
印　　刷	大厂回族自治县彩虹印刷有限公司
书　　号	ISBN 978-7-5236-0214-0 / F·134
定　　价	59.00 元

（凡购买本社图书，如有缺页、倒页、脱页者，本社发行部负责调换）

序言

我们生活在人们依靠理性创造出的许多"神话"之中。何为"神话"？"神话"不是逻辑的产物，而是被盲目信任的。人们不会怀疑"神话"，更不会费尽心力去证明它是真实存在的。我们来看一个简单的例子：大家怀疑过"1+1=2"这个命题吗？很少有人怀疑。尽管科学结果不能说明一切现象，但我们仍带着对科学结果的信任而生活。

经济学假说中也存在这样的"神话"。这其中的一些"神话",深入我们的社会,潜移默化地在人们的头脑中扎根下来。"人类是经济合理型的","市场可以解决经济问题"等许多经济学假说就是"神话",它们通常用数学公式和图表来表示,让人们以为那是科学。对科学的信任在人群之间创造出了"神话"。

对这种信任提出质疑的人就是卡尔·波兰尼,每当发生经济危机时,人们总会提起他。他经常出现的原因非常简单,因为我们深信不疑的市场没能处理好经济问题。但那些信任"神话"的人们主张市场没能良好运作,因此需要改革,而这种呼吁恰恰是对"市场能解决经济问题"这一主张的再次确认。

与这种呼吁不同,市场并没能解决好经济

问题。经济腾飞的韩国在1997年爆发了金融危机，让韩国整个国家一度处于破产边缘。克服这次危机以后，人们以为危机解除了，但在2007年又发生了世界金融危机。即使是现在，世界各地的经济危机也没有消失，我们时常能在报纸或电视上看到这样的消息。

发生金融危机时，无数的家庭和国家都处于困境之中，家庭可能破碎，国家的社会福利会退步。如果这样的危机一直反复出现，人们有充分的理由怀疑"市场能解决经济问题"的假说是否正确。

我们要尝试通过这种合理怀疑，开发出克服经济"神话"的全新的关于经济的想象力。卡尔·波兰尼为我们提供了这样的想象力，他曾说"市场能解决经济问题"的主张是虚构的，并且终其一生都在证明这一主张。

因此，他的主张能让我们拥有新的经济想象力，打破市场中心"神话"，寻找能代替这一"神话"的新经济学。

经济是对我们的日常生活产生重要影响的自变量，这一变量原本应当是用来维持和发展人类生活的。但现在经济支配并破坏着我们的全部生活，我们应当对关于市场的逻辑和意识进行重新思考。

与卡尔·波兰尼的相遇，将会引导我们走上合理地对市场中心主义提出质疑，寻找新经济想象力的道路。

吴承浩

独家访谈 | 卡尔·波兰尼

"批判市场万能论"

大家好,今天邀请到的是主张市场替代经济学的卡尔·波兰尼(后简称卡尔)先生,他会给我们讲述"撒旦磨坊"的故事。在正式开始以前,我们先来简短地采访一下卡尔·波兰尼先生。

记者:先生,请您先跟学生们打个招呼吧。

卡尔：大家好，我就是批判市场中心经济的卡尔·波兰尼。我认为，大家熟知的经典市场中心经济论是虚构的，大家应该辨别出这些虚构部分，培养新的经济想象力，这也是我想跟大家分享的内容。

记者：您出生在奥匈帝国，但后来在匈牙利、英国、美国都生活和活动过，给我们介绍一下吧。

卡尔：我是1886年在奥匈帝国维也纳出生的，小时候跟随父母去了匈牙利。虽然考上了布达佩斯大学，获得了哲学和法学博士学位，毕业后做了律师的工作，但是这份工作并不适合我，所以我最终选择了政治这条路。我也参加过匈牙利革命，后来逃到维也纳，担任《奥地利经济学家》(*Austria Economist*)的编辑，做了一段时间的新闻工作者以后，又逃到了英国。我在英国也是做报刊编辑的工作，还在牛津大学和伦敦大学做过工人教育，1940年开始在美国本宁顿学院任教，后来在哥伦比亚大学和纽约大学分别担任过教职。

> **新闻工作者 (journalist)**
> 从事新闻工作，对时事问题进行报道或评论的专业人士。

记者： 您的经历还真是丰富。不过从上面的经历来看，真看不出和经济学有什么关系，这是怎么一回事呢？

卡尔： 哈哈，是吧。以现在的标准来看的话，肯定会不理解。剑桥大学在1903年把经济学设立为一个单独的学科，这是全世界首创。我进入布达佩斯大学读法学专业是1904年，也就是说，当时几乎没有体系化的和经济学相关的专业。我在大学里进行社团活动的同时还参加了学习小组，除法学之外还学习了历史学和社会科学等学科的知识，在学习的过程中接触到了马克思和社会主义经济学等内容。也就是说，我在一个需要进行综合学习的年代里学习了经济学。

记者： 但是马克思和社会主义经济学与市场经济之间还是有一定距离吧？那您是怎么对市场经济产生兴趣的呢？

卡尔： 马克思和社会主义经济学对我在认识市场经济的问题上发挥了很大作用，当然，我不是马克思主义者,我的目的是否认市场经济这一"神话",所以不学习市场经济的话怎么能提出反对的方案呢?

记者: 原来如此,那接下来我们聊一聊您的著作。您写的《大转型》(*The Great Transformation*)一书现在依然有很高的人气,给我们简单介绍一下这本书吧。

卡尔: 我想在这本书里告诉大家的是,市场经济是无法企及的乌托邦,市场经济中存在着无法形成最终乌托邦的内部矛盾。

记者: 那您说的"撒旦磨坊"指的是市场经济吗?

卡尔: 是的。石磨研磨粮食的样子,很容易让人联想到市场经济。市场经济把人们放进工厂研磨，生产出我们需要的各种产品，但人类的生活被破坏，田野和江河里充斥着煤渣和垃圾。

最终，市场经济使得共同体解体，破坏了人类和自然的关系，因此把它称作"撒旦磨

坊"。也正因如此，我们需要对市场经济拥有正确的认识。

记者：那怎样才能正确认识市场经济呢？

> 该主张认为，不对个人追求经济利益进行干涉的话，就能实现社会整体的经济繁荣。

卡尔：首先，要理解人们是在何种假说的基础上拥护市场经济的，那些强调经济自由的人们通常是支持市场经济的。他们认为，人的本性是希望能得到最大化利益，人们受这一本性影响进行劳动分工，他们还主张劳动分工产生了市场，但这一主张是错误的。

人类的活动不会仅仅局限于将利益最大化，人类活动中存在很多从经济角度难以说明的动机。

譬如，妈妈给孩子制作零食是为了将利益

最大化，还是单纯母爱的表现呢？把好吃的东西分给朋友是为了将利益最大化，还是表示善意呢？男女之间珍重对方，为对方做出牺牲是为了将利益最大化，还是因为相互之间的爱意呢？

人类的行为当中，有很多无法用利益最大化来解释的内容。

记者： 那按照您的说法，市场经济是人为创造出来的吗？

卡尔： 是的，市场经济就是人为创造出来的。工业革命后引入了机器作为生产方式，市场经济作为经济制度的必要性展现了出来。

记者： 那市场经济是如何产生的呢？

卡尔： 能够大批量生产产品的机器通常体

积大、价格昂贵，想要用大机器制造产品就需要大的工厂，而工厂是建在农业和畜牧业用地上的，所以，想要建造工厂，需要先购买曾用于农业和畜牧业的土地。

并且，机器生产需要人力。因此，会把那些曾经从事农业和畜牧业的人聚集到工厂里，人们原来生活的地方就成了工厂的地基，在这里完成其他交易。

> **地基**
> 用于房屋建造或道路修建的土地。

为了让那些昂贵机器制造出来的东西能够自由买卖，维持稳定的生产活动，就需要钱的频繁流通。

在这些需求下，劳动力、土地（自然）、货币（资本）就成了能够在市场中交易的商品。

记者： 现在人们把这些称作"生产要素"吧？由于之前采访了很多位经济学家，现在对这些经济用语倒是倍感亲切啊，哈哈。

卡尔： 是的。交易这些生产要素的市场被称作"生产要素市场"，但生产要素市场是把非商品的东西商品化了。商品通常是指被生产出来的东西，但劳动力、土地、货币不是被生产出来的商品，因此这三者属于虚拟商品。

事实上，如果没有生产要素市场就不会有市场经济，交换和交易生产物品的行为在市场经济出现以前就存在。

因此，可以把市场经济看作是生产要素市场和产品市场的结合体。

记者： 原来市场经济是人为创造出来的，

如果市场经济能够自行运转，自行解决问题的话，是不是就不会有什么问题了？

卡尔： 市场能够实现自发调节是虚构的假说，这种假说是那些希望通过机器生产实现利益最大化的人们提出来的。市场经济出现以前，劳动力和土地受政治制度、身份制度、宗教制度、社会规范等外在条件的支配，所以未曾想到它们可以在市场中交易。

想要实现劳动力和土地的自由交易，就需要确保市场经济不受政治制度、身份制度、宗教制度、社会规范等外在条件的干涉，因此他们主张完全不受干涉的自发调节市场。

记者： 引入市场经济后，市场无法实现自发调节了吗？

卡尔：自发调节式的市场无法实现，因为市场经济一直受政治制度、社会规范等条件的限制，而如果没有这些限制，市场经济就会榨干人类和自然。

为了应对自发调节市场这一市场经济，一系列保护劳动力和自然的法律相继出台。这些法律的出台加深了各个阶层之间的矛盾，而这些矛盾又通过加入了政治因素的法律给予了解决。

市场无法实现自发调节的例子还有很多。1931—1933年发生了世界经济危机，当时的问题是怎么解决的呢？是通过政府介入解决的。1997年发生的韩国金融危机也是一样，2007年世界金融危机时，市场也没能自己解决问题。

现在，市场经济无法解决自身问题，所

以经常性地出现金融危机，对人与自然造成破坏——人们花费大量的时间来找工作挣钱，失业和企业破产引发家庭破裂，大批量生产和消费造成资源浪费和环境污染。

记者：那市场无法实现自发调节的原因是什么？是因为对市场过度干预造成的吗？

卡尔：不是。市场无法实现自发调节是因为其内在矛盾，内在矛盾之所以存在，是因为把不应当商品化的生产要素进行了商品化处理，虚拟商品破坏人类生活和自然环境。

对于这种破坏，社会自发产生了抵抗，这是理所应当的，因为如果没有这些抵抗，人类和自然就无法存在了。有抵抗，人类和自然才能维持现在的水平，如果没有社会的政治限制和管控，维持当下的生存水平也是很困难的。

因此，主张通过改革让市场经济更加自由的，只会对人类和自然造成更大的破坏。

> 社会制度的作用是为社会存续和发展做出贡献，其中负责生产和分配的就是经济制度。

记者：但市场经济这一经济制度让人类生活更加富足了，这好像是无法否认的。

卡尔：诚然，市场经济给人类提供了大量的必需品，但市场经济作为社会制度之一的经济制度，没有发挥好自身作用。

经济意味着生产和分配，而制度则应当让人们能够实施可预测的行动，也就是要提供安稳感。但市场经济这一经济制度让人们的生活疲惫不堪，也让自然环境被严重破坏，重复发生的经济危机更是让人们处于不安当中。

记者： 在采访的最后，请您跟我们讲一下我们应该怎么做吧。

卡尔： 能够解决自身问题的自发调节型市场是市场经济虚构出来的，社会倾向于认为这样的虚构是合理的，因此那些主张不应对市场经济加以社会管控，而应当放任其自由发展不应去加以干涉的观点得到了很多支持。

经济制度原本只是维系人类和社会存续的许多制度中的一个，现在却影响着社会的所有领域，支配着人类的生活。普通人如果不在市场中出卖自己的劳动力，就无法购买食物、衣服、房子、汽车、包、电视、电脑、智能手机、洗衣机、吸尘器以及各种服务。如果不工作，对父母尽孝都是难题。而即使人们有了工作，也还要担心失业问题。

人们也开始从产业角度去思考文化，故而没法赚钱的内容很难被生产出来，选举也要有充足的资金才能获胜。政府总是努力实现经济增长，如果没有预算，政府也无法正常工作。教育也被民众当作就业所需，被国家当作为经济增长做出贡献的途径。

在市场经济下，经济具有决定个人日常、文化、政治的力量，但在市场经济出现以前，经济的作用还只是为社会存续和发展做贡献。

我想在这里强调的是，经济作为社会的一部分，不应当处于支配人类和社会的地位，而是应当为它们做出贡献。为了让经济发挥好这一作用，我们需要让它回归到作为社会制度的本来地位，接受社会管控。

因此，我们要对经济进行管控，让它恢复原来的作用。我们需要经济想象力，用它来克服市场经济创造出的社会普遍认知。

记者： 听了您刚刚说的内容，我们对市场经济问题的理解更深了，非常感谢您接受我们的采访。

目录

第一章　市场经济的诞生 / 1

市场经济是自发形成的吗 / 3

中世纪以前的市场是怎样的 / 7

中世纪的市场和城市 / 11

重商主义国家的市场 / 16

工业革命和撒旦磨坊 / 19

扩展知识｜库拉交易中的相互性和互惠性 / 30

第二章　市场经济假设中的错误 / 35

追求物质幸福的经济型人类 / 37

优秀选择的标准 / 42

经济型人类所处的境况 / 48

扩展知识｜彼得·德鲁克见到的卡尔·波兰尼 / 54

第三章　自发调节市场为什么不完美 / 61

市场认为的幸福条件 / 63

自发调节市场的原理 / 68

无法创造乌托邦的市场失灵 / 73

扩展知识 | 查尔斯·狄更斯的《雾都孤儿》 / 81

第四章　市场经济的双向运动 / 87

虚拟商品的出现和社会解体 / 89

保护撒旦磨坊下的社会 / 99

市场和社会的结构性紧张 / 104

扩展知识 | 宪章运动 / 113

第五章　探索新对策 / 117

无法存在的市场经济之虚构性 / 119

市场经济创造出的社会 / 124

全新的经济想象力 / 127

扩展知识 | 蒙德拉贡合作社 / 133

扩展知识 | 公平贸易 / 136

结语　可以摆脱市场经济"神话"的新经济想象力的必要性 / 140

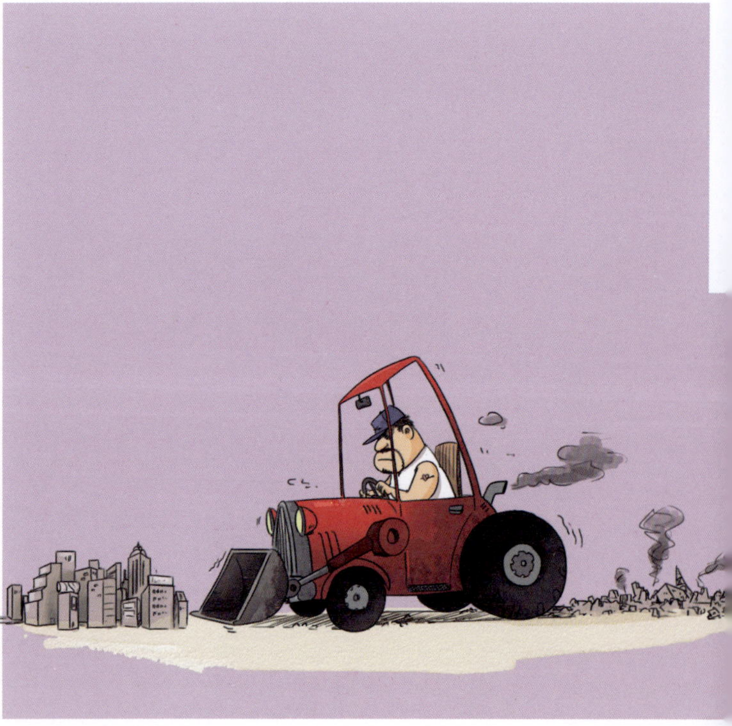

第一章

市场经济的诞生

被称作"撒旦磨坊"的市场经济不是历史发展中必然出现的事物,是因工业革命而偶然出现的经济制度。在市场经济体制形成前,市场虽然存在,但与资本主义时代的市场是不同的。那现在的市场经济是如何形成的,其过程又是怎样的呢?我们一起来看一下。

市场经济是自发形成的吗

我们在日常生活中需要很多物品，吃的食物、穿的衣服和鞋、学习用的书、打发时间的智能电视、和朋友们聊天的智能手机等，这些物品我们没办法自己生产出来，况且每个人的技能也不一样。所以，每个人都发挥自己的才能做自己能做好的事情，把食物、衣服和鞋、书、电脑、智能电视、智能手机等生产出来。生产食物的人，可以把生产出来的食物卖掉，用得到的钱去购入需要的东西。只要有收入，我们就随时可以在市场上自由购买需要的物品。那么，这样的市场是如何产生的呢？我们先听一听那些主张市场经济是自发形成的人们是如何说的。

因为追求利益最大化是人类的本性，所以当人们把从事主业生产出的物品用于物物交换时，市场就自然而然地出现了。假设一个人做鞋子做得很好，虽然他也会做其他事情，但还是尽最大努力生产更多的鞋子，用卖鞋子的钱来买自己需要的东西，比如食物、衣服、家电，等等，才更有利于他实现利益最大化。

来看一下我们的日常。人们外出工作，用工资来购买生活必需品、电子产品、汽车，等——我们日常生活中需要的大部分物品都是在市场中购买的。也就是说，我们日常生活中需要的物品不是我们自己生产出来然后自己使用的，而是把工作得来的钱用于购买这些物品。我们就是生活在这样的市场结构当中。那么，这种市场中的生活结构是自然形成的吗？

当下，大家在日常生活中所了解到的市场经济，是工业革命以后出现的经济制度。工业革命发生以后，引入了机器化的生产方式。当然，在工业革命以前也有用于生产的工具。比如铁锹。铁锹可用于在耕种时翻土，也可用于收获农作物，在夯实拍打土地时也会用到，还会被用来钉木桩。像这样，工具会在人们工作时发挥附属性的、多样化的功能。

但在工业革命以后的机器生产中，机器是用来生产物品的。人类的作用转变为在机器旁边进行辅助，最终的结果就是拥有了强大的生产能力，可以把生产出来的大量物品卖到全国，乃至全世界。

比方说韩国有一家电子公司，它生产的计算机产品可以销售给全韩国乃至全世界的人们。为了让电子公司最大限度地卖掉已生产的产品并进行持续生产，就需要制度来发挥作用，这种人为创造出来的经济制度就是市场经济。

要想维持这样的市场经济，那些制造物品来销售的人就需要实现货币自由交易，因为只有那样才能找地建厂，才能雇用员工来生产物品。因此，市场经济中所说的市场不仅是销售所生产物品的市场。市场经济把非商品的劳动力、自然（土地）、货币商品化，让它们可以被交易，如若不然商品经济就无法成立。

那在市场经济成为经济制度以前，市场是怎样的形态呢？让我们一起回到市场经济出现以前的年代去看一下吧。

中世纪以前的市场是怎样的

从原始社会到中世纪以前是存在交换行为的，此时进行交换行为的场所就是市场，但它与现代市场相去甚远。当时，人们需要的物品大部分都是自己生产自己消费，也就是自给自足型经济，因此没有出现社会分工。

交换的对象是自己没有的物品，交换通常是在不同地区之间达成。比方说有的地区产盐，这个地

> 交换可以给双方都带来益处，因为如果有一方无法获利，交换就无法达成。双方在交换中获取的利益称为交换利益。

第一章 市场经济的诞生

区的人会把盐给那些不产盐的地区的人,用来交换自己需要的铁器。交换的东西如何分配是根据当地的政治、宗教、身份等社会因素来决定的。当然,食盐生产也大致是由这些制度决定的。

地区间的物物交换,或者说交易达成的地方就是市场,市场的地理位置通常在某一地区的外围。这和现在是不同的,现在的市场通常是在我们周边,而从前的市场存在于生活之外,是用来交换本地区稀缺物品的场所。

那地区内部压根儿就没有市场吗?地区内部也是有市场的,但与现在的市场存在差异,现在的市场已经成了我们生活中的一部分了。

大家听说过"赶集日"吗?赶集日指的是某个地区市场营业的特定日子,大家如果想知道当时赶集日是什么样的,可以想象一下现在的农村集市——这种定期赶集的形式在城市里基本看不到了,但在农村和一些偏远地区还保留着这种习俗。有"五日集""十日集""半月集"等,赶集日的市场就像是举办庆典一样热闹。

> **八关会**
> 祭祀神灵的活动,用酒和糕点作为供品,祈求国家和王室安泰。

我们再把时针往回拨一下。高丽时代有过一种叫"八关会"的活动。"八关会"是和佛教相关的一种国家活动,活动时有很多其他国家的人来到高丽,交换需要的物品。

举办宗教活动或地区庆典时会聚集许多人,人们会趁这个机会交换自己需要的物品,这就是当时的市场。平时人们自行生产生活中需要的东西,等到举办宗教或政治活动时再相互交换。

与现在不同，当时的市场并未与人们的全部生活建立关系，仅是地区风俗、宗教、政治等社会制度的产物，是一种社会现象。

由上面的内容可以得知，交易产生在市场出现之前。各地区在交换物品的过程中，产生了为交易而设的市场，当然，市场并非是交易的必要条件。当时的交易的目的也不是通过大量生产物品来使利益最大化，而是得到本地区没有的东西。地区市场和对外市场是相互补充的关系，寻找本地区没有的物品时，需要的就是对外市场。各地区根据各自的政治、宗教、风俗来治理经济，也就是处理生产和分配问题。当时的社会，没有交易劳动力或自然（土地）的市场。

中世纪的市场和城市

与中世纪以前的社会不同，欧洲中世纪社会是封建制度和行会制度时期。这种社会中，土地和劳动力不是市场中交易的商品，而是与政治和身份制度捆绑在一起的，货币还未发展成重要的经济要素。

维持封建制度最重要的根源就是土地，当时的土地无法像现在一样在不动产市场中进行交易。国王或者皇帝把土地分给领主，领主以这些土地为基础进行管理。

> **封建制度**
> 以国王和领主，领主和农奴之间的支配、从属关系为基础建立起来的生产体系。

领主是不会自己耕种的，需要由农奴来代替他们进行耕种。农奴既不是农民也不是奴隶，他们原本是靠种地维持家庭生计的独立农民，必须要在领主的土地上出卖自己的劳动力，从身份上依附于领主。此时的土地和劳动力不是市场中的交易品，是由政治等社会制度确定了其价值和功能的东西。

在这些地区，农产品的交易市场并不发达，以农业为核心的农村社会并未产生分工。市场活跃发展始于城市。对城市进行支配的社会制度就是行会制度，受行会制度支配的城市通常工业较为发达。行会是为了维系宗教系统或职业化的利害关系而形成的社会组织。比如宗教行会、商人行会、手工业行会、教授和学生组成的行会等，其中与城市产业相关的行会是商人行会和手工业行

> **行会制度**
> 依照宗教或职业化的利害关系建立起来的组织制度。
> （北宋的行会制度更早）

会。这些行会通过一定的审核制度来选拔会员，对非会员来说是排他性的。

商人行会兴盛于12—13世纪，随着手工业行会的崛起而逐渐没落。手工业行会是手工业从业者的组织，各个工匠管理着徒弟和帮工，后来逐渐发展为由行会管理城市产业。在手工业行会里，拥有卓越生产技能的工匠、传

授技术的制度、想要学习技术的初学者人数、帮工的工资等元素，但这些都要受到行会和城市惯例及规范的约束。因此，在中世纪的城市中，劳动力市场也是没有自由交易的。

农村地区依然是自给自足型的经济，没有交易的必要，故而交易主要在那些由手工业行会组成的小城市里完成。

这些由组织构成的城市在对外交易中是封闭的，还是开放的呢？与农村相比，当时的城市军事力量更强，能实现对农村地区的控制，但他们无法控制外国人。所以城市与农村可以方便地实现商品交易，但他们尽全力阻止外国人进入本地区，以保证自产商品能大量销售。

由此可见，城市并未将地区市场和对外市场连接起来，反而选择了限制对外交易，保护地区交易的方式。这可以说是等同于阻止海外资本进入，产生了保护传统制度的作用。

不仅如此，城市还压制了全国市场的形成——城市不仅阻止农村地区被编入城市，对开放城市与农村地区之间的公平交易也竭力阻止。

中世纪时期，市场作为达成交易的场所被限制在了特定范围之内，以城市为中心的地区形成了地区市场，并允许与远距离的对外市场进行交易，此时尚未形成全国性的市场。当时的国家仅仅是一个把农村和城市松散连接起来的共同体，无法用权力对农村和城市地区进行严格管控，更无法操控这些地区的市场。因此，全国性

重商主义

在16世纪末至18世纪主宰欧洲的经济政策。为实现国家富强，重视商业、扶植出口产业，通过贸易差额积累资本。

的市场是在欧洲国家成为重商主义国家后才出现的。

重商主义国家的市场

中世纪城市的市场,在国家步入重商主义之后迎来了新变化,原本分离的地区市场成为全国性的市场。15世纪和16世纪时期,出现了在领土基础上发展起来的中央集权国家。这样的强权国家为了对地域辽阔的领土和民众进行统治,不仅需要官僚组织,还需要大规模的军队,而要维持这些官僚组织和军队则需要财力支

1638年重商主义政策极盛时期,法国港口的景象

持。此时，从国家的角度来看，想要确保财力来源，就需要扩大商业和贸易。

因此，国家开始鼓励商业发展，并对其进行管控，同时对外国人跨越国境进入本国开始管理。外国货品进入本国时需要缴纳关税，以此来确保财政收入，实行这样政策的国家就是重商主义国家。

重商主义国家为确保财源，还降低了中世纪城市的封闭性，并逐步消除农村和城市，以及城市之间的区分，打造了一个全国性的市场。也就是说，在城市封锁时期，行会制度曾为城市维护做出了很大贡献，后来通过制定全国性规则，使得国内交易得到振兴。

重商主义国家鼓励商业发展，为发展市场打下了基础。但单凭这些，市场经济无法完全扎根下来,因为在重商主义国家,也没有形成劳动力、土地、货币的自由交易市场。

也正因如此,重商主义国家的全国市场并不等同于市场经济。因为在市场经济中需要有劳动力交易市场、自然交易市场和货币交易市场。

重商主义国家的关注点在于国内产业的发展,因此在鼓励商业发展的同时,也非常重视农业,并未考虑把与土地和劳动力相关的传统组织商业化。比如英国在全国性的劳动组织规则,1563年《伊丽莎白艺徒法》(*Statute of Apprentices*)和1601年《伊丽莎白济贫法》(*The poor law*,下称《济贫法》)中对

> **伊丽莎白艺徒法**
> 为学徒提供住宿,设定劳动义务,同时规定了他们的劳动年限和纪律要求等。
>
> **伊丽莎白济贫法**
> 以是否具备劳动能力为基准,将贫民分为三种,并针对每个分类制定相应政策。

劳动力买卖进行了限制。这意味着，以自给自足经济为基础的农户依然是经济体制的基础，商业发挥的只是补充性的作用。全国市场虽已形成，但与地区市场是分离的。重商主义国家对外市场采取的则是贸易保护的态度，其结果就是全国市场、地区市场、对外市场分别孤立并存。

重商主义国家与封建制国家对市场的态度是相似的，但不同的是，如果说封建制国家是以城市和农村地区的传统及惯例来管理市场的话，重商主义国家对市场的管理则是从法律和命令的角度出发的。

工业革命和撒旦磨坊

重商主义国家是市场经济兴起的源泉，但

市场经济并非是在那个时代实现的。18世纪中叶出现工业革命后实现了大面积机器生产,市场经济就是从此时正式登上历史舞台的。

以机器发明为主要特征的工业革命,才是市场经济出现的原因。工业革命后出现了大规模生产,劳动力、土地、货币交易市场的必要性就凸显了出来,交易这些生产要素的市场就是生产要素市场,生产要素市场和产品市场共同组成了市场经济。

当然,在人类的历史长河中,工业革命以前也存在机器生产,但蒸汽机的出现标志着给社会组织带来重大变化的机器时代已经到来。

在18世纪,工业还仅仅是商业的附属品。当时的模式是,商人向手工业者订购自己需要的东西,并向他们出借制作这些东西时需要的

瓦特蒸汽机出现后，开始实现大批量生产

材料和工具。这样的生产方式叫作"包出制"。此时，机器是让手工业者顺利完成各项工作的多功能工具。

这样的生产方式不会因为经济不景气或生产必需原材料供应不足给商人造成很大损害，因为其规模非常小，生产出的物品也不需要马上卖掉，只要在合适的时机进行生产销售就可以了。此时，生产和销售之间的关系不密切，处于相互分离的状态。

但工业革命后的机器生产方式就完全不同了。此前只能人工制作的衣服现在可以由机器来生产，而人只需要站在机器前控制按钮或者做简单的确认工作。这样的机器体积非常大，价格也十分昂贵，想要使用这样的机器进行生产还需要建造工厂。而这也导致了工业资本家的出现，他们出资建造工厂，购买机器进行生产。

工业资本家在开始生产以前，需要投资大量资金建厂，购买昂贵的机器设备，还需要雇用在设备前工作的人，这些人就是工人，工人要操作机器大量生产物品。

好的，那到目前为止，大家应该发现资

本家在生产产品时必需的生产要素了。有什么呢？有购买机器和持续投资需要的钱，使用机器进行持续生产所需要的土地，在工厂里使用机器进行生产的人，这三点就是生产要素，也就是大家所知的货币、土地、劳动力。

知道了资本家在生产产品时必需的三种生产要素以后，接下来是大家发挥想象力的时间了。哪些东西的稳定供应，可以保证生产资本家实现持续生产呢？没错，就是劳动力、土地、货币这三大生产要素。也正因如此，在工业革命的进行过程中，劳动力、土地、货币市场被人为创造出来，其中土地和劳动力在市场上被明码标价，也就是我们常说的工资和地租。

随着劳动力市场的形成而出现的一类人就是雇用劳动者，现在他们的生存和工资挂钩了。企业为了持有更多的机器，并将利润最大化，需要能减少工资支出的方法。货币市场由此诞生，在市场中流通的货币数量减少了。

市场中流通的货币过多时，物价就会上涨，物价上涨对劳动者来说是非常大的负担。举个例子，一碗炸酱面从3000韩元[①]上升到5000韩元时，原本12万韩元能买40碗炸酱面，现在只能买24碗了。因此，为了阻止物价随着货币数量变化而变化，需要一个供应货币的标准，这一提供标准方法就是金本位制，即以黄金保有量来匹配货币数量。

但在金本位制下，发生经济衰退等情况时就会

金本位制
规定黄金的价格，并根据这一价格来发行市场中流通的货币。

[①] 1000韩元≈人民币5.3元，以2023年3月汇率换算。——编者注

出现其他问题。在经济衰退时，市场中交易不活跃，市面货币流通量就会减少，企业收益也会减少，但工资不会因为物价下降而相应减少。因此在经济衰退时，企业需要支付的"工资"这一生产成本就增加了。为了减少这一负担，同时维持持续的生产活动，就需要降低雇用劳动者的工资中占比很高的粮食的价格。要想降低粮食价格，就需要让谷物实现自由交易。

为了实现这一需要，从19世纪30年代开始至19世纪40年代，先后经历了废除《济贫法》，废除《谷物法》(*Corn Laws*)，引入金本位制。废除《济贫法》意味着劳动者的供需根据市场价格来决定，废除《谷物法》意味着向其他国家开放粮食市场，而货币流通则由金本位制来调节。

此后，随着需求和供给机制的建立，价格发生变动。不仅是生产出来的产品，劳动力、土地、货币的价格也是由市场来决定，并会发生变动。反过来，劳动力、土地、货币的价格又会对产品价格造成影响，这之间形成了相互依存的关系。劳动力、土地、货币这些生产要素的价格如果上涨，成本就会上升，产品价格也会随之上涨。随着生产要素市场和产品市场之间的关联性提高，形成了被称作自发调节市场的市场经济（见图1-1）。

也就是说，到重商主义为止一直被分隔开的劳动力、土地、货币市场，逐步形成，并产生了有机相关性。结果就是生产要素市场和产

> **自发调节市场**
> 当产生需求和供给需要时，自然地形成合理的价格，如果出现需求大于供给的供不应求，或者供给大于需求的供大于求情况时，价格就会相应地发生变动，自行调节至均衡状态。

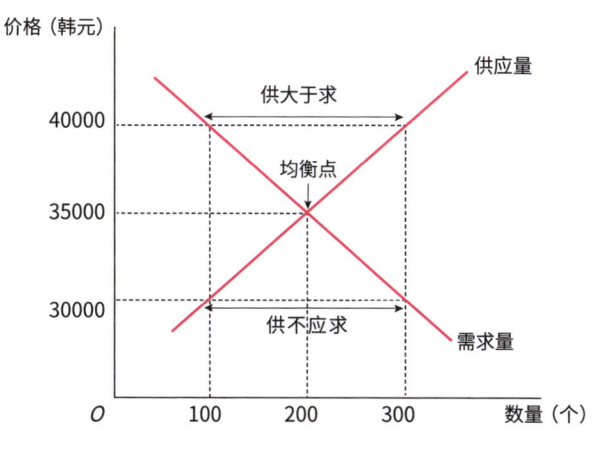

图1-1 市场的均衡价格和均衡交易量

品市场结合在一起,构成了市场经济——销售产品的市场和销售生产要素的市场被整合在一起了。

市场经济的出现给人类历史带来了极大变化,人们开始大批量生产和消费,并开始相信在市场经济下可以实现乌托邦。

第一章 市场经济的诞生

但事实并没有人们想象的那么美好。自发调节式的市场经济，在其形成过程中就存在诸多问题。为了建设工厂，人们被赶出了原本用于农业和畜牧业的家园。失去家园后的人们只能作为无业人员四处游荡。又因为各种制度的存在，那些失去家园的人们不得不走向工厂。而工厂在生产过程中将各种污染物排放到田野和江河之中，进一步破坏了人们曾经无比珍视的生活价值和自由，也破坏了自然环境。

正是因为这诸多问题，威廉·布莱克（William Blake）将市场经济称为"撒旦磨坊"。磨坊碾压人们之后将他们抛弃，人们的生活和自然被完全破坏。现在，我们依然在经历着市场经济引发的许多副作用，比如经济危机、贫富差距、环境污染，等等。

通过这些过程建立起来的市场,无法为人类提供乌托邦,因为自发调节式的市场这个假说本身就存在内部矛盾。

> 在市场经济体制中,一个人的经济活动可能侵害其他人的利益,为了对此进行调整,政府有时会介入其中。

尽管存在诸多问题,那些支持市场经济的人依然主张市场具备自发调节能力,可以自行解决问题。但自发调节市场理论也是市场经济的内在矛盾,因此我们要知道这些内在矛盾是如何引发的。

首先要看的是市场经济下假定的人生观和行为模式,这个我们留到下一章来看。

扩展知识

库拉交易中的相互性和互惠性

　　大家听说过巴布亚新几内亚这个国家的名字吗？这个国家是由岛屿组成的集合体，也叫作特罗布里恩群岛。住在这里的部族会进行一种一般人无法理解的交易，接下来我们来看一下他们的交易方法。

　　交易原被解释为"不使用货币的物物交换"，并且我们通常认为，虽然物物交换不使用货币，但用来交换的东西应该具有类似的价值。生活在特罗布里恩群岛的人们进行一种叫作库拉（kula）的交易。库拉的意思是指两种贝制物品的礼节性交换。这两种贝制品分别为 soulava 和 mwali，其中，soulava 是用红色贝壳制成的贝片项圈，mwali 是白色的贝壳制成的贝壳臂镯。这两种装饰物品是不具备货币功能的，即在交换中不存在媒介或价值标准的功能。但群岛部族里，这两种物品的交换不仅要在邻近部族之间进行，甚至还会派遣远征团跋涉十多年来完成交易。

他们在十多年里仅移动了数百公里，如果是为了取得经济利益的话，这似乎并不划算。就像上面说的，库拉交易中使用的项圈和臂镯不具备此类功能，但它们具有现代人无法理解的相互性和互惠性。库拉交易本身不存在利益和买卖动机，但对当地居民来说，这一行为中带着从社会关系出发的相互性和互惠性，这也是他们坚持这项传统交易的理由。

过去，市场是人们交换各自缺少的物品的场所。
一捆柴换三条鱼怎么样？
可以，正好我缺柴火。
当时，并未出现大量生产物品进行销售的行为。
一条鱼换一个泥人
那是什么？
应该是个精神不太正常的人吧。
15世纪以后强大的中央集权国家出现，商业和贸易得以发展。在之后的工业革命中，机器开始被广泛使用。
快点做！
靠针线什么时候能做出衣服来啊？果然还是得花钱买啊。
由此，靠工资维持生计的雇用劳动者开始出现，不仅是生产出的产品，劳动力、土地、货币的价格也由市场决定，并时有变动。
食物价格涨了那么多，工资还是原样。还不如原来在老家做农活过得好。

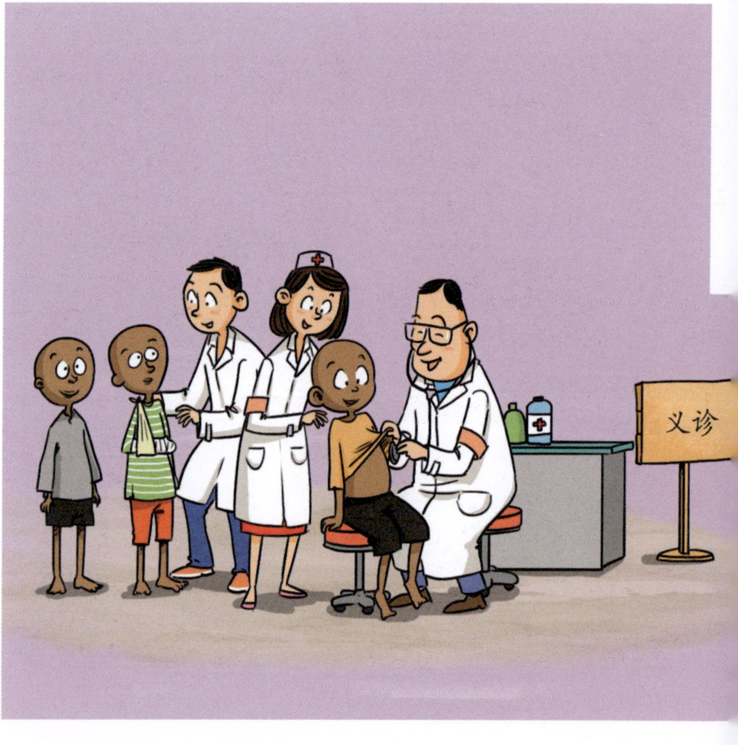
义诊

第二章

市场经济假设中的错误

那些支持市场经济的人常常强调经济合理主义,即人类在生活中往往更注重利益,并且据此做出行动。他们认为经济合理主义是出于人类想要将利益最大化的本性,但这真的是正确的吗?我们来看一下市场经济对人类的假设有哪些错误。

追求物质幸福的经济型人类

劳动力、土地、货币在市场经济创造出的生产要素市场中被交易,但它们不是商品。市场经济把不是商品的东西商品化,这种方式无法解决自身问题,却自称自发调节式市场。以自发调节市场为内容的市场经济,其依据是人类和人类行为模式。

这些强调市场经济的人,就是经济自由主义者。比起集体,他们把更多的注意力放到了

经济自由主义支持者亚当·斯密

个人层面。这意味着生产和分配的经济，在市场经济出现以前是集体实现的。但经济自由主义者把个人从集体中剥离出来，主张个人根据理性来行动，并且表示经济是为了让个人物质利益最大化。

经济自由主义者之所以这么认为，是因为他们看待人类的角度不同。亚当·斯密(Adam Smith)等经济自由主义者认为，实现利益最大化是人类的本质。拥有这一本质的人类，通过分工来高效地生产产品，然后进行相互交换或交易。人类因这一本质和属性而追求利益的行为，创造了市场经济。

但追求利益的行为不是创造市场经济的前提条件，而是创造出市场经济这一制度的行为模式。市场经济中，不富裕的普通人需要出卖劳动力来确保自己的基本生活需求得到满足，富裕的人则想通过低成本生产和高价销售来使利润最大化。对这些追逐个人需求和利润的人来说，市场经济是必须存在的制度。

如果劳动力未被商品化，那些富人就无法通过持续的生产活动来创造利润。因此，创造出劳动力市场，追求利润最大化的行为模式是在追求个人的利益。追求个人利益的人就是经济型人类，他们的行为动机就是追求经济利益。

由此可见，市场经济中的经济型人类，其行为是由物质动机决定的。此时的经济不受社会制约，是在追求个人利益层面上进行的活

动。有主张称这些活动是基于人类本性的，也不应受社会限制。

但是，人类的许多行为不仅仅是依靠物质动机实现的。在人类的行为中，非物质动机比物质动机占比更多。求偶、与朋友交往、进

食、孝顺父母、学习等行为，都不是依靠物质动机来实现的。有一个记者问

> 劳动除了可以取得收益以外，还是彰显自身价值的一种社会行为。

正在求职的大学生，今年的愿望是什么，大学生说，"为了向父母尽孝，一定要找到工作"。这个大学生想找工作的动机是为了向父母尽孝，也就是非物质的动机。当然，就像父母和子女的关系一样，追求物质的行为也可以是在社会关系中实现的，因此从这一点来看，物质动机是人类行为的根源这一主张是符合市场经济的。

在市场经济出现以前，人们作为社会集体的一员，为实现社会目标参与到经济活动当中。经济活动不仅是为了满足个人的物质动机，更是在社会关系范围内为实现目标而进行

的行为。比如中世纪规模最大的交易场所就是修道院,而修道院是出于宗教目的进行经济活动的。特罗布里恩群岛的居民通过库拉交易来展示权威,增进部族之间的友谊。封建主义社会的经济活动,则多是出于风俗或传统目的,而重商主义国家的经济活动则主要是以权利和名誉为目的。

因此,忽视人类许多行为的动机,将追求利益的物质动机放在第一位,并非尊重人类本性,而是市场经济这一制度有意创造出来的人生观。

优秀选择的标准

通过上面的内容我们可以预测出,市场经济创造出的经济型人类,会为了实现利益最大化而进行合理的行动。从市场经济下的人生观来看，经济型人类比起社会关系更重视利益追求，并将其视为行为动机。这种人生观不考虑社会关系或制约，以孤立的个人为前提。这些孤立的个人需要合理判断出什么是利益，什么不是利益，这就是"经济合理主义"。

以市场经济作为前提的人类行为方式就是经济合理主义，使用这种行为方式的人在进行选择时会优先计算成本和收益，然后从收益中减去成本，其结果必然要大于零。比如收益是100，成本是80的话，二者之差是20，收益比成本多出的20就是净利润。经济合理主义就是要保证净利润大于零。

> 我们做出某种经济选择的理由是因为能产生收益，收益是促使人们做出选择的积极诱因。

不仅如此，他们还要保证净利润能取得最大值，为此要尽力降低成本，毕竟成本越低收益越高。经济合理主义的目标，就是以最低的成本实现最佳的效果。

因此，经济合理主义就成为判断效率和合理性的标准。在该标准看来，不遵循经济合理主义的行为是非效率的、不"合理"的、无价值的行为。

我们任何人都想利用一定的方法和资源实现最佳成果，可能的话，想用更少的钱来生产产品，并在更短的时间内完成工作。但并不是所有的行为都是按照经济合理主义进行的。那些未按照经济合理主义的行为的确是非效率和不符合经济合理主义的，但我们就能说它们是无价值的吗？

> 这么小的粮食能变成那么大，还不用花很多钱，真是高效啊。

我们在生活中会面临各种各样的选择，要不要看电影呢？还是学习？或者帮父母做点事？做出这些选择的时候，是在市场经济假定的人生观和经济合理主义原则下寻求净利润吗？

我们先来看一下电影、学习、孝顺父母

第二章　市场经济假设中的错误

相关的成本和收益，然后比较一下各自的净利润。假设电影的净利润是80，学习是120，孝道是90，有了这个数值以后应该做出怎样的选择呢？如果根据市场经济下的人生观，当然应该选择学习。经济合理主义在各位陷入选择困难时，可以成为帮助各位解决困难的手段。

但是，有时候我们不得不帮助父母干活儿，如果做生意的父母生病了，各位肯定会放下书本去帮助父母。这种行为是不"合理"且非效率的，但我们能说它是没有价值的吗？如果我们任凭父母生病而置若罔闻，心里肯定会不舒服，周围的人也会批评我们不孝顺。因此，认为放下学习来帮助父母是不"合理"、非效率的看法是不正确的。

不仅是孝敬父母，热爱自己的祖国、喜爱

自己的朋友、去旅行转换心情、献身于宗教事业等，我们的日常生活中还存在着无数出于其他动机的行为。

人类行为的动机很多时候并非出于物质追求，因此不能认为经济合理主义是决定人类行为的唯一标准。我们的行为中除了物质追求以外，还受到多种社会规范的限制，也正因如此，人类是在经济合理主义下做出所有选择的假说是不正确的。

市场经济在经济合理主义前提下把人分为生产者和消费者，并且假定生产者和消费者都由利益最大化原则来决定行为模式，并试图把这样的选择结果合理化。合理化之后，不符合物质利益最大化的行为就看作是不"合理"和非效率的行为。正如我们在前面所看到的，利益最大化的决策有时是正确的，但把所有不符合利益最大化的行为都判定为不"合理"也显然是不恰当的。

经济型人类所处的境况

> 所谓稀缺，指的是相比人们的需求量来说处于相对不足的情况。无论如何珍贵，如果人们不需要，也无法成为稀缺的东西。

那经济自由主义者为什么要假设人类是根据经济合理主义行动的呢？经济自由主义者在对人类行为进行"合理"和非"合理"区分时，是以稀缺性原则为前提的。市场经济以稀缺性原则为前提，想要把经济型人类和"合理"行为正当化。

经济自由主义者创造出的经济型人类面临着资源稀缺的状况。因为资源稀缺，所以他们要做出"合理"的选择，否则就会浪费个人拥有的资源，那样就无法实现最佳的生产和分配。这对于那些极度追求物质的人来说，无疑是悲剧。因此，人们要高效合理地使用稀缺资源，以满足个人欲望。

资源稀缺是在市场经济假定的人生观下出现的情况，面对资源稀缺，孤立的个人为实现欲望付出行动，他们通过满足个人欲望来追求幸福。但问题是这种物质欲望是没有限度的，市场经济也不会对无限的欲望进行控制，反而允许它们持续放大。

人们想要通过满足无限的欲望来获得幸福，其结果就是一直处于资源稀缺的境况之中。毕竟，欲望是无限的，满足自身欲望的手段远远不够。

但是，稀缺性本身与经济人生观和经济合理主义一样，并非普遍存在。经济型人类所处的稀缺性境况之所以普遍被人们接受，正是因为市场经济制度在其中发挥了作用。

在市场经济出现以前的社会，也就是还不是市场经济的社会中，经济制度是共同体内的个人实现自我时所需的物质基础，或者是集体能够维持良好状态的途径，它并非是为了满足个人利益最大化，可以说，当时的经济是让个人和集体都获得幸福生活的手段。

集体的良好状态并非拥有丰富的物质基础就能实现。亚里士多德曾说过，"集体的良好状态是个人能力得到最大限度发挥，由所有人共同决定集体的重要事项，创造出共同的善"。在追求共同的善的过程中，个人的物质欲望或利益追求会被限制。在共同的善的创造过程中决定生产和分配时，无限的欲望和利益追求被禁止，稀缺性也不复存在。在这样的共同体中，经济不过是实现善良共同体、幸福共同体的附属项。

与其说市场经济是服务于社会的，倒不如说市场经济让社会和个人都在经济伦理影响下十分重视物质，最终创造出的就是物质至上的社会。人们对追求非物质价值渐渐不再感兴趣，对能创造利益的物质价值倒是兴趣高涨。就像要怎么理财？做什么能挣钱？扶植哪些产业能创造更多的利润？不知从何时开始，人们甚至把"祝您大富大贵"变成了一句流行的问候语。

面临稀缺性和为实现利益最大化进行合理

行动的人，都是在市场经济中出现的。因为稀缺性环境的存在，人们需要根据能实现财货生产和分配的经济合理主义来行动，这样的行动对那些拥有利益最大化本性的人来说，才是合理的。

以稀缺性为依据进行合理行动后，显现行动结果的地方就是市场，而这一市场就是自发调节型市场。在这样的市场中,通过政治过程创造出的共同利益是不能介入的。因为政治不能介入市场经济所追求的市场,而要每个人自由竞争、追求利益。也正因如此,各个企业为了追求利润而进行无限竞争,个人为了购买需要的东西就会更依附于工资。

但不幸的是,自发调节市场是不完美的,因为自我调节市场存在必然走向失败的内在矛盾。下一章,我们就来看看自我调节市场的内在矛盾。

> 扩展知识

彼得·德鲁克见到的卡尔·波兰尼

彼得·F.德鲁克（Peter F. Drucker）被称作"美国管理学之父"。在他的自我提升和经济运营著作十分畅销时，靠着频繁提及他的名字或讽刺他来赚取人气的大有人在——彼得·德鲁克俨然成了"成功捷径"。

他见过的人当中，就有《大转型》的作者卡尔·波兰尼，他还讲述过与卡尔·波兰尼相关的一则温馨的小故事。

青年德鲁克受邀参加自己喜欢的杂志《奥地利经济学家》的编辑会议,在那里见到了担任杂志总编辑的卡尔·波兰尼。被卡尔·波兰尼魅力折服的德鲁克想去波兰尼家跟他多交流一下,波兰尼只能带德鲁克回了家,正巧当天是波兰尼发工资的日子,作为总编辑的波兰尼的工资十分可观。

换乘几次电车之后,又步行了20多分钟,经过废车场和垃圾处理站,踩着咯吱作响的木楼梯,终于到了一处非常老旧的5楼小公寓。当时波兰尼的家人正在准备圣诞节晚餐,想着能饱餐一顿的德鲁克却吃了有史以来最糟糕的一餐:几个随便剥了皮的土豆就是圣诞节晚餐了!

波兰尼的家人们忙着讨论生活费，但让他们忐忑不安的生活费仅是刚刚波兰尼从杂志社领到的工资中极少的一部分，德鲁克忍不住好奇地问了起来。

"很抱歉打扰各位说话，但是波兰尼博士刚刚才拿了支票，我觉得有那些钱可以生活得很好啊。"

瞬间，波兰尼的家人都不吱声了。然后，他们盯着德鲁克说道，"那是什么话，工资支票怎么能全花在自己身上？真是闻所未闻"。

这意料之外的回答让德鲁克瞬间红了脸，他接着说道，"但是……大部分人都是这么做的啊"。

波兰尼的妻子伊奥娜是匈牙利国有铁路总

裁的女儿，17岁时因参加反战活动被逮捕。听到德鲁克的话以后，她非常真挚地对德鲁克说："我们和大部分人是不一样的，我们一家人讲道义。现在维也纳到处都是从匈牙利逃难来的难民，他们连生活费都挣不到，我觉得这种时候卡尔的工资应该用来帮助贫穷的人，我们家人的需求再另外计算，这才是讲道义的做法。"

波兰尼的家族非常富有，他的父亲曾是匈牙利的铁路巨头，妈妈是俄罗斯伯爵之女，所以只要波兰尼一家想，就完全可以过上衣食无忧的生活。但他的父母拥有伟大的理想，把波兰尼兄弟几人培养成了为美好世界奉献自我的理想主义者。

青年德鲁克与波兰尼的此次相遇让他非常吃惊，也正是因为这些经历，直到德鲁克去世，他也从未把人当作工具来看待，一直秉承道德经营的原则。当下，很多人们认为为自己而活才是最大的道理，所以那件曾让年轻的德鲁克无比震惊的事，对当下的社会来说也是非常有必要进行传播的。

亚当·斯密等经济自由主义者主张,人类想要实现利益最大化的本性导致了市场经济的出现。 得努力干活,那样才能收获更多的粮食。	但是,就像有些人找工作是为了向父母尽孝一样,人类的很多行为并非出于物质动机。 妈妈那么辛苦,我要努力让妈妈高兴。
把那些并非出于物质利益最大化而做出的行为认定为不合理行为是错误的。就像军人守卫国家很多时候与个人利益无关,但不能说这种行为是不合理和非效率的。	市场经济让人们把价值都放到了物质之上,"大富大贵"甚至成了吉祥话。 父亲,祝您今年生意兴隆。 好,你们也要多挣钱,大富大贵。

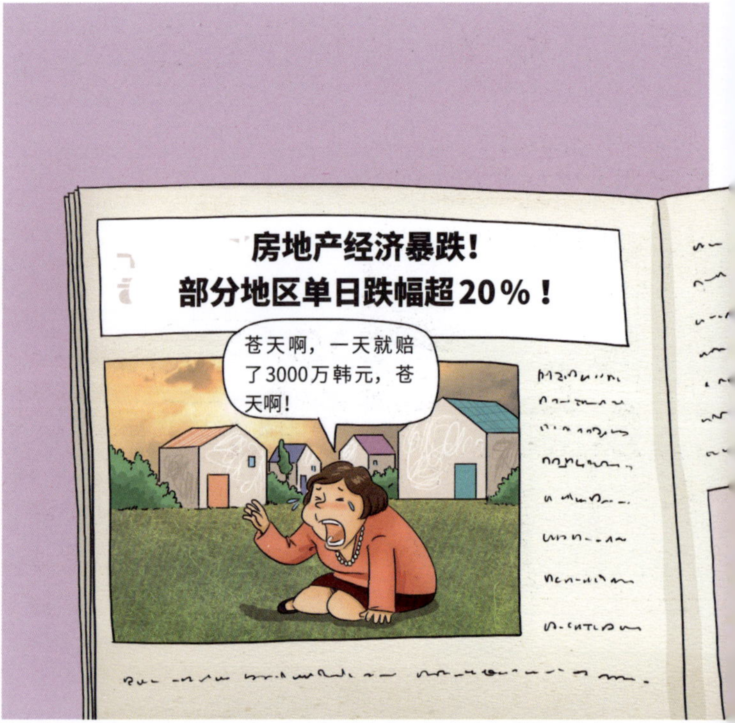
房地产经济暴跌！
部分地区单日跌幅超20%！
苍天啊，一天就赔了3000万韩元，苍天啊！

第三章

自发调节市场为什么不完美

市场经济主张"国家或大多数人不干涉、不介入的话，市场就可以自行解决问题"。但从过往时间来看，市场经济未能自行解决问题。这一章，我们来探究一下为什么不能把市场经济看作完美的体系。

市场认为的幸福条件

所谓自发调节市场,是指不接受社会的监督,国家不介入的市场。追求物质利益的经济型人类和经济型人类的经济合理主义,是自发调节市场合理化的依据。强调经济自由的人们,把人类假定为经济型人类,经济型人类依照经济合理主义来行动,市场经济体系就自然而然地出现了。

> 将经济体系按照市场、规划、传统进行区分,其关注点在于如何调整人类的经济活动。

但这种说明本身是前后颠倒的，而且是人为创造的。市场经济体制是以工业革命为契机登上历史舞台的，它创造出经济型人类和经济合理主义等假说，让人们认为市场中心主义是合理的。

逐渐地，人们开始认为市场经济体制是自然形成的，人类的行为是根据经济合理主义做出的，社会的很多部分是由经济来决定的。人们甚至开始觉得，幸福也是由经济决定的。不管事实如何，国民收入增加了，人们就觉得自己更幸福了。韩国的国民收入跟过去相比增幅很大，那韩国人更加幸福了吗？

强调经济自由的人们所强调的市场，不再是受政治、宗教、法律、文化等规范限制的事物。它自行存在，发生问题时通过自发调节来解决，成了单独的领域，并被大家叫作自发调节市场，反映了那些进行合理行为的个人的选择结果。

在市场经济体制出现以前，不受政治、宗教、道德、文化等社会性干涉的自发调节市场是不存在的。在市场经济出现以前的社会中，市场不像今天这么活跃。生产和分配不是通过自发调节而是通过惯例、宗教来进行管控。重商主义时代，市场是在中央集权国家管控下一路发展起来的，那时候的人们也并不了解自发调节市场这一事物。

自发调节市场作为市场经济，不受国家规制和国民舆论的监督，只有市场可以控制市场，它自发调节，自行决定方向。这种自我管理、自发调节、自行决定方向的经济体制就是

自发调节市场。

此时，商品的生产和分配也是由自发调节市场来进行的。当生产和分配不受社会干涉时，个人可以将自身利益最大化，支持自发调节市场的人认为这种个人利益最大化能带来社会利益最大化。并且，他们假设市场决定的价格中需求和供给是一致的，由市场决定的价格可以调整需求和供给关系。所以这种经济体制是以人们想要获得最大限度的金钱利益为基础的。

> 在自由环境中，人们会尽全力实现个人利益最大化，这样就能发挥出个人的创意，有效利用资源，经济就能因此获得发展。

由货币来表示的价格具有决定生产和分配的功能。价格可以决定生产产品的人们可取得的利益，因此能调整和控制生产。而价格又能创造收益，收益则用于消费和储蓄。因此，生产出的产品分配给支出了所得收益的消费者。即在自发调节市场中，价格能左右财货的分配，也就可以保障财货的生产和分配秩序，这就是支持自发调节市场的人的想法。

> 参与市场的所有需求者和供给者的意志集中到一起后，做出价格决定。这一价格被称作竞争市场均衡价格或竞争市场价格。

他们认为无论在何种情况下，在自发调节市场中，生产和分配是一致的。虽然偶尔会发生供需不足或供不应求的情况，但能迅速找回平衡，恢复到不多不少的均衡状态：若发生供不应求的情况，把价格从50上升到100，以此达成生产和分配的平衡。发生供大于求的情况时，把价格从150降到100，以实现生产和分配平衡的目的。

自发调节市场的原理在包括产品在内的所有市场中都是成立的。即把非商品的劳动力、土地、货币商品化，让自发调节市场原理发挥作用。

自发调节市场的原理

自发调节市场把与经济相关的所有要素商品化，并将他们囊括到市场当中。商品原本指的是生产出来的东西，劳动力、土地、货币原本不是商品，但自发调节市场把它们商品化之后，让它们可以被交易，这样，就把生产要素市场和产品市场有机结合在了一起。因此，市场经济中的劳动力、土地、货币必须要商品化，并且可交易。

将一切都商品化的市场经济根据自发调节原理实现生产和分配，并且为了实现这一功能，国家、政治、宗教、文化、惯例等不介入市场。

"自发调节"一词，包含着所有生产都是以市场销售为目的，并将销售所得用于分配的意思。也正因如此，由生产和收益创造出的所有市场才能够存在。大家可以看一下自己周围，穿的衣服和鞋子、使用的文具和笔记本、去吃饭时给大家服务的人，等等，这些东西可能没有哪一个是大家自己生产出来的。

我们以衣服为例，来介绍一下自发调节市场。衣服是被我们买来的，一件衣服在到我们手里以前所经历的流程并不简单。

想要制作衣服，首先要有布料，也就是制作衣服用的原材料。这些布料可以在市场里买到，生产衣服的人购买布料以后，需要能对这些布料进行加工的工厂，还需要生产机器，还需要在工厂里使用机器进行生产的人。建造工厂、购买原材料和机器、雇用工人都需要钱。

能借到钱或者能进行资金交易的地方就是货币市场，建造工厂涉及的是房地产市场，雇用工人的市场是劳动力市场，生产者生产出的衣服也是在市场里销售的。销售衣服得来的收入会进行分配，借了钱的话需要支付利息，雇用了工人需要支付工资，租用土地建厂的话需要支付租金。利息就是货币的价格，工资是劳动力的价格，租金是土地的价格。从支付者的角度来看，这些钱是成本，但从收钱人的角度来看，这些都是收入。

这些生产要素所对应的价格形成了收益，土地所有者的收益是租金，货币持有者的收益是利息，劳动力提供者的收益就是工资。

生产衣服的人在分配完租金、利息、工资以后，剩下的部分就是自己的收益，也就是企业家的利润。利润是销售价格减去生产成本（利息+租金+工资）的剩余部分。比如物品价格是1万韩元，成本是7000韩元的话，二者之差3000韩元就是利润。

销售所得收益以工资、租金、利息的方式分配给工人、土地所有者、资本家，他们再用这一收益来购买生产出来的物品。

生产和分配在市场中以自动方式实现的就是自发调节市场，自发调节市场不接受社会监督和国家的干涉与管控，因为它们会导致市场

和活动萎缩。在自发调节市场中，收益应当依靠物品销售来实现，即企业家通过制造和销售产品，劳动者通过提供劳动力，有钱人通过货币交易，不动产持有人通过房地产交易来获得收益。因此，所有的市场应当自发形成，市场的价格、需求、供给不能接受管控。从自发调节市场的角度来看，市场作为构建经济领域的唯一方法，能让其自发创造出符合其必要条件的规则是最好的。因此，不允许妨碍市场自发调节的规则或政策存在。

自发调节市场可以说是市场经济的核心原理。

无法创造乌托邦的市场失灵

进入市场经济以后，自发调节市场就成了

重要原理，也成了负责社会生产和分配的经济秩序。

> 市场失灵的原因大致可以分为外部原因、公共物资、不完全竞争。

但自发调节市场却未能像它的名字那样，自行解决经济问题。它主张只要能保障个人的自由经济活动，就能高效地生产和分配，但这一过程中却出现了垄断企业。与完全竞争市场不同，这样的市场无法实现高效地生产和分配，收入出现两极分化，贫富差距也逐渐加大。社会需要的公共财产，即国防和治安等产品在市场中的生产也不顺利。自发调节市场还会引发反复的经济危机：经济不景气和经济过热反复出现，给人们带来了诸多不便。

制度应当具备稳定性和可预测性，但自

发调节市场制度在这两方面的表现较差，未能发挥好作为制度应有的作用。它将劳动力、土地、货币商品化，并使用自发调节市场原理进行调整，但也很难说它作用得当。

劳动力原本是依存于人这一本体的，但它成了商品，并且由所有人来支配。在所有者的命令之下，人类的肉体、心灵、道德能得到保障吗？所有者出于自身利益下达不合理的命令时，劳动者大都需要服从这一命令。例如，所有者有时会让工人工作到很晚，承受不住的工人就可能遭到解雇。而一家之长如果被解雇了，一个家庭的生计就成了问题，家庭会遭到破坏或直接破裂。

> **社会失范**
> 用来规范所有社会构成人员行为的共同价值或道德规范不复存在，陷入无秩序状态。
>
> **偏离**
> 不符合社会规则或规范的行为。

更严重的，有可能会出现自杀或随意杀人等严重社会问题。就是在这样的社会变化中，出现了社会失范和偏离。

那自然环境会变成什么样呢？在生产过程中从工厂排出的各种有害物质会破坏环境，危害人类身体健康。曾经无比美丽的自然景观因为工厂建设而无处可寻，人们的居住环境进一步恶化。山川河流被污染，生产粮食和原料的能力也将被破坏。

把货币交给市场的话会怎么样呢？货币交由市场机构管理的话，企业会发生周期性的破产，经济萧条也将反复发生。

如果货币不足，市场交易量将会下滑。因为企业不会选择使用高利息贷款来进行投资，而企业减少投资会引发雇用岗位减少，雇用岗

位减少引发的就是家庭收入降低，家庭收入降低就会导致市场商品交易较少，结果就是收益降低的企业陷入危机。那些借钱进行投资的企业，承担不了高额利息之后就可能会破产。

相反，如果货币供应过多，货币价值就会下降，利息也会随之下跌。但物价却会疯涨，购买物品时需要支出的个人收入变多了，家庭感受到物价上升的负担后就会减少消费支出,这会导致企业销售额降低。企业为了提高销售额会选择降低价格,承受不了价格下降压力时,商品价格就会暴跌,这就是大家经常说的"泡沫破裂"。泡沫破裂的瞬间,持有商品的人会受到巨大冲击——用1亿韩元买来的东西突然降到7000万韩元,相当于3000万韩元不翼而飞。

到目前为止,我们可以看到自发调节市场未能自行解决市场中出现的各种问题。由此也可以说,认为自发调节市场能解决所有经济问题不过是一种假说。

自发调节市场忠实于人们利益最大化的目的,这种利益最大化是以个人间的自律性竞争为前提的,但这种竞争的结果就是创造出上层、中层、下层的社会分层，加大了个人之间的差距，这种差距的不断加剧会导致两极化现象的出现和贫困阶层的增多。

社会制度应当是能够有效解决社会问题，为社会稳定和发展做出贡献的制度。但自发调节市场无法提供稳定感和可预测性，并且无法实现公平的分配。

如果像那些强调经济自由的人所说，自发调节市场可以自行解决所有问题的话，也许真的有可能实现乌托邦。但自发调节市场虽然提供了让个人通过独立竞争市场实现利益最大化的平台，却没能发挥好社会经济要求它具备的功能。

社会希望通过可期待的生产和分配让经济制度为社会存续做出贡献，但市场经济却无法解决收入差距、资源浪费、环境污染,经济危机等多种问题,反而使社会处于不安当中。从这一点可以看出,自发调节市场无法像它承诺的那样,引领社会走向乌托邦。

> **扩展知识**

查尔斯·狄更斯的《雾都孤儿》

工业革命宣告了资本主义的出现,查尔斯·狄更斯的小说《雾都孤儿》(*Oliver Twist*)描述了工业革命背后的世界,展现了受苦受难的平民阶层的故事,小说被改编成电影等多种形式,具备优秀的艺术性和商业性。

主人公奥利弗(Oliver)不知道自己的父亲是谁,而他的母亲生下他以后就去世了,成为孤儿的奥利弗在一所济贫院长大。后来,在济贫院里备受虐待的奥利弗独自前往伦敦，在到达伦敦后被犹太人费金骗去了贼窟。费金是专门唆使贫民窟小孩偷盗的恶棍。奥利弗进入贼窟后，同伙将自己的偷盗行为栽赃给了奥利弗，导致他被逮捕。多亏善良富人的帮助，奥利弗摆脱了偷盗组织的诱惑和威胁，后来发现那个富人竟是自己父亲的朋友，奥利弗成了富人的养子，过上了幸福的生活，这就是故事梗概。

小说的背景是1834年，这一年英国颁布了《济贫法修正案》(*The New Poor Law*)。该法律的要旨是，伊丽莎白一世颁布的旧《济贫法》让贫民变得更加懒惰，因此要减少贫民救助费用，激励贫民自行努力工作。在这样的时代背景下，人们评价《雾都孤儿》是批判《济贫法修正案》的社会批判性小说——孤儿奥利弗在济贫院忍饥挨饿，社会更是把贫民当作罪犯来看待，这些都是书里的批判性内容。《济贫法修正案》将贫穷和堕落画上等号，但查尔斯·狄更斯用奥利弗这一形象打破了这一看法——奥利弗虽然是济贫院出身，却是道德品质良好的少年，也可以说他道德高尚却是个实打实的乞丐，这打破了济贫院的公式。狄更斯果敢地展现了当时备受争议的《济贫法修正案》问题，开启了对该修正案非人性和控制性的批判。

控制自发调节市场达到均衡状态的只有市场。劳动力、土地、货币在市场中的交易价格也是由市场决定的。

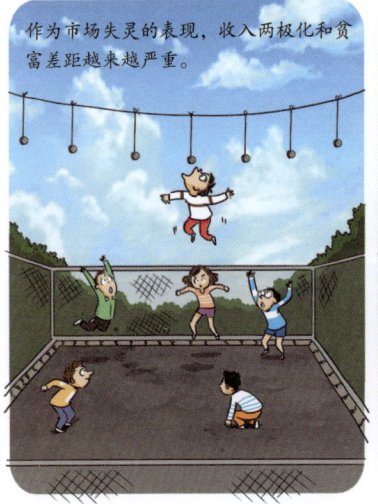

供给和需求原理决定了市场价格在其运行过程中不受任何限制。

别救！我们不能插手任何事情。

啊！救救我！

作为市场失灵的表现，收入两极化和贫富差距越来越严重。

这些问题愈发严重，会引发更严重的社会问题。

我们是不是一辈子也活不成那个样子？

大概是吧。

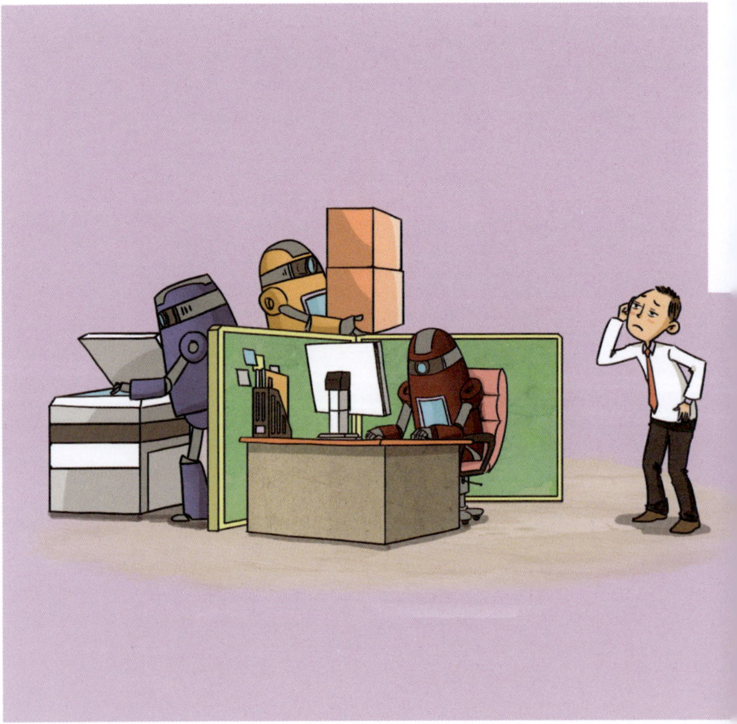

第四章

市场经济的双向运动

在被称作"撒旦磨坊"的市场经济体制中,如果没有保护社会的抵抗行动,人类和社会可能已经不复存在了。自发调节市场的内在矛盾——无视现实,把非商品的东西商品化——引发了抵抗。接下来,我们看一下在这些过程中出现的市场经济的双向运动。

虚拟商品的出现和社会解体

自发调节市场没能自行解决问题,却在将土地和劳动力商品化的过程中使得生活共同体解体了。

人们从原本属于个人家园的自然中被赶出来,转而走进了工厂。一旦进入了工厂,人们没有工资就无法获得生活必需品。企业想要低成本生产产品,就有可能降低工人工资,但即使这样,工人为了生存也只能选择继续劳动。

此前的经济系统当中，人们从社会层面提供劳动力进行生产，现在已经转变成了个人为了获得工资而提供劳动力和参与生产。自然环境不再是共同体赖以生存的基础，反而成了在市场中交易的商品，那些在自然环境当中组成共同体生存的人类，现在也只能走进工厂。

在市场经济社会出现以前，完全无法想象自然和劳动力可以在市场中进行交易。所以说，市场经济体制是伴随着工业革命后出现的机器生产方式而出现的奇特事物。

重商主义体系十分鼓励商业发展，但依然选择了阻止土地和劳动力这两种生产要素商业化。举例来说，英国和法国非常重视土地的封建地位和土地与特权的关系，几乎全面禁止土地买卖。而英国则通过《伊丽莎白艺徒法》和

《济贫法》等法律，对全国的劳动力进行保护。

之前的重商主义者大致上对劳动力和土地商业化是厌恶的。当然，也不能因此说重商主义者和今天强调平等的民主主义者是一样的。他们只不过是在自发调节市场出现以前，自然而然地认为劳动力和土地应该以传统方式来组织。也就是说，市场经济出现前的经济是接受社会干涉和管控，未与社会分离的社会制度。

19世纪末，市场形态从原本被管控的市场转变为自发调节市场，这是一件划时代的大事件。通常，在任何社会当中都需要产品的生产和分配秩序，但并非因为有这种必要性，就意味着在社会中需要独立的经济制度。经济制度履行的只是众多社会制度中的一项职能，这些制度当中已经包含了经济秩序。在自发调节市

场出现前，经济体制从未从社会中分离。

自发调节市场为经济从社会中分离，发展为独立领域做出了贡献。经济不再受政治或惯例的约束，经济的所有构成部分开始受市场原理的支配。自发调节市场脱离政治和惯例之后，单独履行调节社会整体经济的职能。因此，放任市场经济自由就成了必须的要求。

就像我们在上面提到的那样，自发调节市场想要运转，就需要劳动力、土地、货币这样的虚拟商品，如果没有虚拟商品在市场中的交易，市场经济就无法成立。市场经济把包含劳动力、土地、货币在内的所有产业要素都囊括到了市场当中。尤其是把劳动力和土地囊括到市场之中，意味着把社会这一实体置于市场规则之下。土地是让社会得以存在的自然环境，劳动力就是构成社会的人类本身。从这些角度考虑，很容易预测出自发调节市场会给社会造成怎样的影响。

在市场机制中，所有东西都要商品化，此时的商品指的是为销售目的制造出的物品，市场具备了销售者和消费者之间有实际接触的经验性意义。结果就是，把产品生产需要的所有生产要素和产品看作是为销售而生产的。只有这样，所有商品才能遵循价格和供需机制。

现实中，所有商品在交易时都需要市场，市场是需求者和供给者的集合体，所有商品依照需求和供给关系被赋予价格。无数的商品市场连接在一起，构成了一个总体市场。

非商品的土地、劳动力、货币的商品化为这一市场的形成做出了决定性的贡献，但问题是这些生产要素的商品化同时造成了社会解体。

自发调节市场把劳动力商品化以后，让它接受市场原理调节，这导致了相互照应的有机体——共同体中人类存在的消失。曾经保护个人的社会共同体一类的"防护网"被"拆"除，每个人都有了遭受饥饿的风险，不在劳动力市场出卖劳动力就无法生存。工资决定了劳动者的生存，形成了劳动者的收益，而劳动者的收益由劳动力市场的需求和供给来决定。

以机器生产方式为前提的市场经济，改变了人类和机器的关系。在很长一段时间内，人类开发出机器并使用它，但在工业革命后两者之间的关系完全发生了改变。过去，机器是对人类身体极限的补充，或者用来提高工作熟练度的，但工业革命后的机器代替了人类的劳动力，人类成了机器的辅助。这会导致在经济不景气时出现大规模失业，而失业者又被认为是社会不安定因素。在市场经济中，人类的劳动力成为被残酷驱使的商品，劳动者还可能因为失业问题而经历痛苦。最终，人类在市场经济

中失去了此前的社会保护，成为社会性偏离的牺牲品。

和劳动力结合在一起，让社会存在的环境就是自然，但市场经济把自然也破坏了。土地和劳动力是不可分的关系，人类在以前就以土地为家园创造出共同体，进行生产活动。因此，土地是给予人类生活稳定感的重要条件，但市场经济把人类和土地分离开来，制造出了房地产市场。

结果当然是损害了大自然的功能。因为环境污染问题，人们不再期待美丽环境的出现，自然甚至失去了生产粮食的功能。土地商品化导致了土地作物的商品化，作物的价格又对人类生存造成很大影响，土地商品化还导致农业从业者大幅减少，大大威胁着社会整体的稳定。

一直以来，货币都是经济的媒介手段。市场经济以前的货币不是生产出来的，是银行或国家创造出来的，这样的货币在可以证明购买力的信用关系中使用，提供给生产和消费负责人。比方说，贸易商把可以兑换成黄金的货币支付给香料生产者，香料生产者把香料提供给贸易商之后，拿着货币去银行可以兑换黄金。又比如，商人用货币向生产农具的手工业者订购物品，生产完成以后，手工业者可以拿着货币去银行兑换黄金或白银。综上所述，货币在商品交易关系中，是作为支付保证的一种手段提供给生产者和消费者的。

但是，市场经济中与之相对应的货币政策——金本位制出台后，情况发生了变化。金本位制是以黄金保有量来匹配货币量的，黄金保有量多时货币量增多，黄金保有量少时货币量减少，两者保持等价关系。把自发调节市场原理作用于货币市场之后，货币量不足或过多，都可能引发企业的周期性破产。

保护撒旦磨坊下的社会

适用自发调节市场原理的市场经济导致了社会解体,但社会对此却并未选择顺从。社会解体招致了社会抵抗,这也导致了自发调节市场原理很难维持下去,即意图保护劳动力和自然的社会抵抗介入了自我调节市场。抵抗的结果就是,通过政治出台了各种保护劳动力和自然的法律。

市场经济被比喻为"撒旦磨坊",在这样的经济下,如果没有意图保护社会的行动,现在人类和社会可能就不复存在了。无视现实情况,依照自发调节市场理论人为改变世界,肯定会引起此类抵抗行为的发生。作为人类家园的自然被损毁,人们的生活被破坏,对这些现象进行反抗是理所应当的——无视现实情况，把非商品的东西商品化是自发调节市场的内在矛盾，这一矛盾自然会引发反抗。

在自发调节市场下保护社会的行动，是以介入劳动力市场、土地市场、经济市场的方式出现的。

和劳动力相关的社会保护运动大致可分为两类，第一类是《工厂法》（*Factory Law*）等社会法律的出台，第二类是工人运动。1834年《斯皮纳姆兰法案》（*Speenhamland*

工厂法
为改善工厂劳动者的最低就业年龄、劳动时间等劳动条件而出台的法律。

社会法律
对现代福利国家非常重视的国民生活予以保障的法律。

《斯皮纳姆兰法案》
规定了最低工资水平，当工资未达到该标准时，根据家庭成员人数保障酬劳，给予补贴的制度。在英国的斯皮纳姆兰地区首次实行，因此以该地区名称命名了法案。

圈地运动
16世纪英国羊毛价格暴涨，地主为了增加个人收益，将农耕地改为牧场。

契约自由
指的是在不违反法律规定的前提下，个人可以自由与他人结成契约关系的原则。

Law）废止以后，为解决法律废止引发的问题，出台了相关的社会法律。工人运动的目的，是为了确保工人的政治权利，使工会运动合法化。而代表工会和劳动者的政党，也起到了保护劳动力的作用。

土地方面，开展了土地商品化。以贵族为主导开展圈地（enclosure）运动后，国王和圣职人员曾想要努力维持住共同体。但在19世纪中期，契约自由扩大到全社会，对土地的保护运动就依靠曾经代表地区共同体利益的地主来进行了。

货币市场方面，虽然金本位制在扩大自由贸易层面是必需的，但不适用于调节一个国家内的货币量的稳定。为了减少物价上涨引起的不安，国家会以比经济增长程度或商品交易量低的水平来维持黄金的增加程度。当货币量不足时，企业就会承受损失，人们对货币不足逐渐不满，中央银行就会引入新的货币供应方式。

市场经济的自发调节市场原理，在历史上未能成功运行，这也引发了当下公共物资不足、环境污染、经济不景气、失业、通货膨胀等各种问题。

但是经济自由主义者们主张，自发调节市场不完全性引发的问题是国家或社会的介入和管控所致，以此来转嫁责任。他们还主张，只要给足时间，市场就能自行解决问题，到达均衡状态，但政府或社会的介入反而引发了更大的问题。他们把政府和社会的介入看作是外部介入，那些强调国家或政府介入的人也被他们称为极权主义者。

但社会保护运动在社会内部对自发调节市场引发的社会解体现象的抵抗是自发的，而非受市场外部或理念的影响而发生。也就是说，社会保护运动是由自发调节市场原理内在固有的弱点和风险引发的。

从这一点来看，社会保护运动与特定集团的经济利益和阶级斗争是不同的。因为社会保护运动中包含着社会全体在人类尊严被破坏时的自我保护要求。

19世纪市场经济发展的过程中，市场扩大和出于保护社会而进行的抵抗运动是同时发生的。如果说市场经济意图造成社会解体，给社会带来了损害，那社会保护运动就是在破坏自发调节市场的功能。最终，想要扩大市场的人和想要保护社会的人之间，关系愈发紧张。

市场和社会的结构性紧张

不存在可以从社会和国家的干涉与管控中脱离出来的自发调节市场,因为打着自发调节市场原理的旗号,企图从社会中分离出来的市场经济体系,反而造成了与社会之间的紧张关系。自发调节市场想要让社会解体,社会则想要在自发调节市场下保护自身。所以,自发调节市场中同时发生着社会解体和社会保护的双向运动,而发生双向运动是由于自发调节市场的内在矛盾,并非由于社会和国家的干涉和管控。

因此,市场经济不可能只依靠自发调节市场原理就能实现,它总是会受到由社会抵抗引发的政治干涉和管控,只是这些干涉和管控有时力度较轻,有时力度较大而已。比如,强调社会福利的国家通常对自发调节市场进行严格的管理和控制,而那些把维持社会秩序、保护私人财产权作为唯一任务的国家,会尽量减少对市场进行干涉和控制,最大限度地让自发调节市场来解决所有问题。因为存在这样对立的立场,管理政府的政治家也有不同,自发调节市场原理实现的程度就会有差异。有时会主张把自发调节市场和社会分离开来,有时又会主张把市场囊括到社会和国家范围进行监督管理,立场之间存在矛盾。

由此可见,强调市场经济的人和强调市场经济下社会保护的人之间存在冲突,这种冲突导致了社会关系的紧张。在这种紧张关系之下出现的社会保护运动破坏了自发调节市场的功能，这些破坏的起因并非与市场经济无关。它们之所以发生，正是因为自发调节市场的内在矛盾。

对自发调节市场的破坏，主要发生在劳动力市场、土地市场、货币市场，这是因为自发调节市场就是以劳动力、土地、货币这类虚拟商品为基础的。这些商品通常是在政治和法律范围之内买卖，结果就是市场经济与政治没有分开，反而结合在一起了。

关于市场的介入，在劳动力层面通常是通过劳动者的政治活动和社会法律制定来实现的，在土地层面主要是通过针对农产品的进口关税来实现，社会保护运动的尝试使得生产和劳动依存于关税、税收、社会法律等非市场因素。

在这一过程中还出现了群体间利害冲突。

农产品作为生活必需品，绝大多数的工人都反对农产品价格上涨，而农民则对有利于工人的扩大农产品进口持反对态度。在不同群体之间出现利害关系冲突时，就会形成同盟。

比如，农民要求对进口农产品收取高额关税，或者由政府出台保护对策。但如果对进口农产品征收高额关税，工人就得高价买入农产品，他们就会要求提高工资，因为他们的生活费成本增加了。

而如果按照工人的要求提高工资，资本家就必须放弃部分利润，因为对资本家来说工资就是成本。因此，从确保自身利益的角度出发，资本家也会要求对进口农产品征收高额关税，这样就可以提高自己的产品销售，获取更多的利润。最终，农民和资本家会出于对征收关税的支持结成政治同盟，介入自发调节市场。

与此类似的市场介入是保护主义。保护主义对市场经济的自发调节功能破坏非常大，并且容易引起垄断。它会导致市场的自律性和竞争逐渐减少，个人逐渐被组织代替，劳动力和资本逐渐变成由非竞争性单元来构成。此时，自发调节市场就可能无法发挥作用了。

市场经济双向运动的矛盾，有时表现为社会自我保护过程中出现的阶级纷争，有时则表现为市场保护措施和市场体制之间的结构性紧张。

这两种现象之间的联系非常紧密，呈循环关系。解决阶级纷争需要制度，而新创造的制度又会引发新的阶级纷争，之后走向改善。在市场经济中，政治和经济以制度方式区分，最终政治从属于经济。即在经济领域发生的阶级之间的纷争会扩大到政治领域；而在对市场进行政治介入以后，市场又会被破坏。

19世纪的境况可以看作是市场经济双向运动的结果。即使是通过对虚拟商品的市场介入，抗争者也要开展限制商品化的保护运动。相反，对于那些非虚拟的实物商品，自发调节市场扩大的过程也在同时进行。在这一过程中，市场扩大到了全世界，市场中出现的商品的增量也更大。从另一个角度来看，介入劳动力、土地、货币市场的法律和政策开始整合实行。金本位制下世界贸易市场扩大了许多，社会保护运动出现后，对市场控制经济、破坏社会的趋势也进行了抗争。用一句话来总结19世纪的话，那就是：这是一个社会与市场经济体制的破坏属性进行抗争，进行自我保护的时期。

19世纪末，随着普遍选举制度普及，工人阶层对国家的影响力扩大。资本家阶层不再能左右法律制定后，知晓了生产主导权中自身具有的政治权利。

即使产生了权利分配，只要市场经济体制

可以正常地运转,就不会出现问题。但是当市场体制自带的内在矛盾导致和平被打破时,社会就会陷入危险。对立的一方是政府和国家,另一方是资本家阶层,他们会以经济和

主导了法西斯主义的意大利政治家贝尼托·墨索里尼（Benito Mussolini）

生产作为权利来源,进行激烈对抗。

一旦社会的核心政治和经济领域被各个阶层当作利益争夺的武器来使用,社会就将陷入相互破坏的胶着状态。20世纪就是在这样的大环境下到来的,而法西斯主义也是在这时登场。在市场经济内在矛盾引发的极端纷争和对立中,诞生了人类和社会无法发挥作用,只有机器生产和分配可以运作的法西斯主义。为了

> **法西斯主义**
> 指1919年意大利人墨索里尼提出的极端民族主义的、权威主义的、反共的政治运动。该主义不认可个人和民族主义，主张机械化地运营社会。

增进个人的自由和利益，曾要求民主主义的市场经济，其内在矛盾却正在破坏民主主义。

> 扩展知识

宪章运动

宪章运动（Chartist Movement）是19世纪英国工人阶级为修改选举法而掀起的运动。当时的英国在工业革命以后实现了生产力飞跃，但贫富差距依然非常大。不仅如此，实现工业化以后，工人们的劳动时间反而更长了，工资却更低了，甚至妇女和儿童也要在艰苦条件下工作。

在这样的背景下，工人对机器的敌对感导致了卢德运动（Luddite Movement）的发生。之后，工人们明白需要能代表自身权益的政治势力，他们要求工人权利代表进入议会，要求赋予工人选举权。初期，工业中产阶级在选举法修订中被赋予了选举权，取得了较大成果，而工人们却一无所获，所以工人们为了维护自身权益继续坚持单独开展运动。

该运动的核心力量是新兴城市的工厂工人，他们通过联名请愿、集会、游行、罢工等多种形式开展运动，但议会对此表示拒绝。运动参与人员在组织层面上表现出不成熟的一面，这导致了1840年英国经济恢复后，运动声势一度被挫败。经过长期的不懈努力，工人们的大部分政治要求终于在1918年议会颁布的《人民代表法》（Representation of the People Acts）中得以体现。

将土地、劳动力、货币商品化的自发调节市场引发了社会解体。

> 不工作就没饭吃！从今天开始你要出去挣钱！

产生这种现象之后，保护社会免受自发调节市场危害的运动开始出现。

> 为保障工人的权利，在此将工会活动合法化。

梆梆！

但经济自由主义者反对这种介入。

> 只要不插手，市场能自行解决问题！国家总是介入的话会引发更大的问题。

固守市场经济自律性的人与意图在市场经济下保护社会的人之间，纷争不断。

> 不干涉市场的话，它能自己找回平衡。过来！

> 胡说！自然环境被破坏了，人也沦落得像物件一样，市场根本没发挥好自己的作用。来这边！

进入20世纪以后，这种极端纷争导致了法西斯主义的出现。可以说是表现出市场经济内在矛盾的代表性案例。

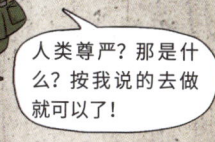

> 人类尊严？那是什么？按我说的去做就可以了！

市场经济

第五章

探索新对策

自发调节市场原理在现实中之所以未能实现,是因为资本主义的局限性。这也是为什么人们认为能自行解决问题、自发调节经济的市场经济体制原理是虚构的。我们接下来看一下无法存在,也从未存在过的完美市场经济的虚构性。

无法存在的市场经济之虚构性

通过前面的内容可知,市场经济通过自发调节原理可以引领人类走向乌托邦的说法是虚假的。以自发调节市场原理为基础实现市场经济的尝试,会导致社会解体与社会抵抗运动的发生。最终,彻底的自发调节市场无法实现。

市场和社会的双向运动导致自由放任型的市场经济无法出现,这并非因为消除国家和社会介入与管控的市场改革力度不足,而是由于自发调节市场原理本身的内部局限性。可以说，以自发调节市场为属性的市场经济，根本就是无法企及的乌托邦。

亚当·斯密以劳动分工为依据，提出了将物品进行交换或交易是人类本性的主张。因此，强调经济自由的人主张市场经济是人类历史上最自然的制度。但无论是从历史角度还是从人类学角度来看，这样的主张都是没有依据的。

市场经济仅仅是在工业革命后出现的机械工业上发展出来的近代产物，并非通过交易和买卖发展而出现的社会主导经济制度。市场经济之所以能站稳脚跟，是因为国家相关政策的支持。当时，市场经济支持者曾主张放任市场经济自由，但该主张背后就有国家支持。

在机械工业时代，持续的生产要素供应是

必需的，也因此产生了将劳动力、土地、货币这些生产要素商品化的需求。最终，劳动力、土地、货币类虚拟商品出现，自发调节市场体系得到确立，虚拟商品市场和实物商品市场也被有机地结合起来，形成了整体市场经济。在该市场体系下，在自发调节市场机制的作用下市场自发调节生产和分配，自行确定方向。

但以自发调节市场为依据的市场经济最终无法实现，是一种虚构的说法。而曾经包含在社会内的经济，脱离社会以后对社会稳定产生了威胁，加深了人们的不安感。

因为自发调节市场的作用，社会陷入了碎片化和崩溃危险，随后就发生了保护社会的运动。在市场经济下，想要扩大自发调节市场的倾向和与之进行对抗来保护社会的倾向同时出

现，这就是双向运动。

针对劳动力市场，国家颁布了保护劳动力的社会法律，工会和工人政党纷纷开展活动。针对土地市场，法律规定不使用市场法规而要从地区角度来保护土地。针对国际贸易市场，金本位制被废止，取而代之的是由国家来管理货币量。后来，自发调节市场在1929年世界经济危机时崩塌，出现了以暴力方式解决这些问题的法西斯主义。

之后，市场经济被政府和社会介入，这种介入偶尔会弱化。而当介入弱化时，两极化问题、失业问题、环境问题等各种社会经济问题就会相继出现。如此，完美自行运作的自发调节市场就无法实现。想要贯彻自发调节市场的一方和想要扼制这种动向的一方之间关系非常紧张，不完全自发调节市场就在这样的情形下维持了下去。

以自我调节市场为依据的市场经济，无法存在也未曾存在过。市场经济社会以前存在的市场也不是自发调节市场，它只存在互惠、再分配、交换三种形态。

互惠
指的是相互之间接受和给予特殊优惠。

市场经济创造出的社会

即使基于自发调节市场的市场经济无法存在,主导和支配当下社会的也依然是市场经济。国家对市场经济进行了劳动力保护、货币量调节、经济调节、引进外国企业等多种支持;食物、艺术、戏剧、电影、小说等文化同样被分为可创收和不可创收的。

最近,文化产业变得越来越重要。这主要是因为,在市场经济下,教育和学问与经济撇不开关系,就连信仰有时也是出自将物质利益最大化的目的。现在,经济不是为了社会而存在的,与之相反的是,社会为了经济而存在。

出现这种现象,是从经济支配人类生活开始的。我们生活中需要的所有东西都要用工资进行购买，普通人是绝对依赖于工作岗位和工资的，没有工资就无法生存。

工资是由承担生产和分配的企业来进行分配的。随着能实现大量生产的机器的发明，承担生产和分配角色的不再是社会，而变成了企业。但是企业所有者是以利益最大化为目标来进行生产和分配的——想要实现利益最大化，就要以最低成本创造最高利润，员工的工资正包含在成本之内。

向土地持有人和款项出借人支付的租金和利息也是企业的成本。大致上来说，可以出租土地和出借资金的人都不是依靠工资生存的，这些人属于社会中的强者，提供劳动力的人属于相对的

> 资本和土地即使不投入生产，也不会产生很大问题。但劳动力脱离事业状态的话，会立刻影响到生计，引发多种问题。

弱者。因此，提供劳动力的人成了不得不依靠工资的被动存在。而在这一过程中，那些劳动能力不足的老人和残疾人被排除在了社会之外。而即使是对有完全行为能力的青壮年，企业为了压缩成本，也极有可能根据情况采用临时工形式。

市场经济下，包含工资在内的收入决定了一个人的社会阶层，不同阶层的消费模式是不同的，住的房子、吃的食物、穿的衣服等成了区分各个社会阶层的标准。这种差异受收入的影响最大，人们也因此尽最大努力提高自己的收入。

由于这样的理由，除了提供劳动力的人，艺术家、文学家、音乐家、教育家等看起来与生产无关的人，也不得不把收入看作最高价值。获得收入的活动已经成了超越生存的问题，个人最终被禁锢在市场经济之中了。

全新的经济想象力

21世纪的市场经济体制，再也无法发挥其作为社会制度的作用，相反，它频繁地引发经济不景气，让人们对未来充满不安。因为它的目的就是创造出更重视物质价值的社会和个人，强化对经济型人类的假设，支配人们的意识。那我们现在需要的是什么呢？正是对当下市场经济制度能否给我们带来幸福的评判，以及探索对策时的新的想象力。

即使市场经济创造出无数的矛盾，个人也依然无法发挥新的经济想象力，这是因为个人被禁锢在了市场经济之中。但面对市场经济制度的矛盾和由此引发的现象，我们仍应该发挥

出新的经济想象力,因为以自发调节市场为依据的市场经济暴露出了很多局限性:

经济制度应当是为维护社会稳定和经济发展而存在的制度,但当下的市场经济缩减了人们的自由,让人们面临着对生存造成威胁的失业或破产的恐惧感。在这样的社会中,很难期待会有尊重他人的自由和福利、增进相互之间联系的共同体出现。

市场经济人为创造出来的价值和伦理，已经深深地刻在当下人们的意识当中，因此如果不能改变我们对市场经济的态度和认知，就很难期待为社会而存在的经济体制的出现。为此，我们要带着批判性的眼光去看待市场经济中人为创造出来的经济型人类、经济合理主义、稀缺性境况、自发调节市场等概念，并且要具备克服它们的想象力。

首先，人们应该认识到市场经济创造出的机器生产方式的问题。机器成为生产主角之后，人类成为站在机器旁边的附属型生产主体。附属型生产主体每天都在重复同样的工作，即使感到厌烦，也只能为了生存继续在机器旁边重复单调的劳动。

> 人们通过劳动获得成就感,实现自我,通过与社会中其他人的交流发现自身存在的意义。从这一点来看,劳动不仅具有经济意义,更具有十分重要的社会意义。

人是多种多样的,工作的动机也各不相同。有的人一天会做很多事情,因为劳动的动机不单是为了生存,还与各种价值和态度有关。比如说为了爱情、为了孝道、为了社会、为了某种价值、为了快乐,等等。因此,发现这些多样的劳动动机并且认可它们是非常有必要的。

但当人们固执于机器生产方式时,多样化的劳动动机就不在考虑范围之内了。因为这时候的人们只强调效率性和合理性,认为经济合理主义是正确的,认为不符合这些的就是不合理和低效率的。最终,与他人进行交流联系的行为,为博爱与和平而做出的行为,关照社会弱势群体的行为,向父母尽孝的行为,等等,都成了低于经济行为的存在——物质价值成了社会的最高价值。

为了解决这些问题,我们就需要克服经济型人类所面临的稀缺性境况的问题,想要克服这种境况就得控制个人的物质欲望。只有这样,才能让经济回归到为价值共同体和实现人类自由而存在的制度位置。

为此,需要民主的市场管控,通过这种管控让经济成为服务于共同体和人类的制度,同时应该把互惠和再分配加入市场经济体制。

尽管对自发调节市场的大范围管控还没有实现,破坏自发调节市场的现象却屡见不鲜。比如,当下社会强调的捐赠文化可以看作是对互惠的实践,帮助缺粮儿童,救助团体等活动则与再分配有关,交换则见于公平贸易之中。

要想实现互惠、再分配、交换经济，就需要能从市场经济人为创造的意识中剥离出来的经济想象力，这种想象力可以把经济打造得更像社会制度。毕竟，生产和分配层面的经济，应该是为实现共同体和个人的善而存在的，所以我们应以民主方式管控经济，让经济存在于社会之中。因为，只要经济从社会中脱离出了具备自发调节市场的特征时，共同体的经济问题就无法得到有效解决。

现在，作为市场经济制度的自发调节市场需要改变。为了实现这种改变，需要避免市场经济这一经济制度控制人类意识。让人们从市场中心的"神话"中跳脱出来，用经济想象力改变市场经济。

公平贸易
在被市场经济边缘化的地区，支付合理价格来保障他们的生存和生产机会的方式。

扩展知识

蒙德拉贡合作社

蒙德拉贡合作社起源于西班牙巴斯克蒙德拉贡地区，20世纪40年代在天主教神父何塞·玛丽亚·阿里斯门迪（Don Jos'e Maria Arizmendi）的倡导下建立。1956年第一个生产煤油炉和燃气炊具的合作社 ULGOR 成立，之后其规模不断扩大。蒙德拉贡合作社在2010年大约有金融、制造、流通、知识这4个部门的260家公司，是一个企业集团组织。

蒙德拉贡合作社最大的特点是，合作社的主人不是特定的人或家族，而是在企业工作的所有工人。即工人是企业主人，由他们来选任公司管理人，对企业进行运营。接下来听蒙德拉贡成员讲一讲那里的故事：

◆ 在蒙德拉贡没有解雇一说，反而每年的岗位都在增加。

◆ 因经济问题临时停职时，工资为平日工资的80%，临时停职不会超过1年，1年以后其他成员停职，曾经停职的成员复职。

◆ 一家企业破产时，该企业的职员会到蒙德拉贡其他合作社工作。

◆ 最高工资不能超过最低工资的10倍。

◆ 董事会成员由全体合作社成员投票决定

（与其他企业持股比例高的股东具有支配权的方式不同）。

◆ 其他公司是为了一个人工作，让一个人成为富人，但蒙德拉贡希望所有人都成为富人。

怎么样？肯定有些部分很容易理解，有些部分想不通吧？蒙德拉贡合作社成员跟我们平时见到的上班族或企业家的生活方式是不同的，对吧？

每个人的梦想肯定是不一样的，可能大家对工作、家庭、休闲等生活状态有很多想象。我们不要总是以平时常见的样态来想象，偶尔也可以想象一下在蒙德拉贡合作社这种与众不同的企业里的生活。

扩展知识

公平贸易

各位,约有三分之一的世界人口每天的生活费用在2美元以下,大家知道这一情况吗?生活费用不足1美元的人口也有10亿之多。世界很富有,但是贫穷的人却无法从贫穷中脱离出来,这是为什么呢?原因有很多,我们这次来看一看公平贸易的相关话题。

公平贸易的出发点是当下世界贸易的不平等。比起生产原材料的一方,把原材料制成成品并销售的一方通常获利更多。购买原材料的国家通常是发达国家，为了在贸易中获得更大利益，它们会利用其他国家更廉价的原材料和劳动力。相反，生产原材料的国家通常是贫穷且信息不发达的欠发达国家和劳动者。这样的关系导致贸易中的利益分配不均衡。

为了解决不公平的贸易结构问题，公平贸易作为应对方案应运而生。公平贸易适用以下原则，致力于改善不公平的贸易结构和惯例：

◆ 长期交易关系：与短期利益相比，更注重以长期利益为核心进行交易。

◆ 公平贸易价格生产：向生产者和劳动者提供可持续的价格和工资保障。

◆ 社区发展金：建立地区共同体的社区发

展金（Social Premium）。

◆ 社会标准：努力保障人性化的劳动条件以及妇女儿童的权益。

◆ 环境标准：采用不损害生产者环境和生产者健康的生产方式。

以自发调节市场为依托的市场经济是无法企及的乌托邦。

怪不得觉得不安！啊！倒了！

国家为市场经济开展了多项保护活动。

劳动力保护　货币量调节　经济调节　引入国外企业

这导致了经济支配日常生活，甚至出现了社会为经济而存在的副作用。

一辈子为了国家经济尽心尽力，这点小事怎么不能睁一只眼闭一只眼呢。

唉，不要那么想。

经济应当是为了社会存续和个人发展而存在的。

我经济会努力帮您推的。嘿哟！

经济

此前未能通过自发调节市场克服的问题，现在要通过民主市场管控来解决。

真的太感谢了。多亏您才能恢复学习。

结语

可以摆脱市场经济"神话"的新经济想象力的必要性

2007年发生了使全世界都陷入恐慌的金融危机,在这场危机中,美国的许多投资公司陷入了破产危机,导致美国经济摇摇欲坠。但更严重的是,不仅美国经济动摇,周边国家,甚至包括太平洋对岸的亚洲国家、穿越大西洋的欧洲国家,纷纷受到波及。

市场经济体制在创造经济全球化的同时,也让经济变得不稳定。这种经济不稳定现象,不仅包括金融危机引发的资产蒸发和因此导致的经济不景气，还包括经济不景气导致的企业生产停滞和分配不当，以及最终引发的失业和贫困问题。

这些危机的发生不是没有原因的。危机发生以前，已经有很多国家在全球化趋势下，为引进外国资本而持续损害本国的劳动条件和环境。在这一过程中，通过投资获得收益的资本家和通过出租不动产获得收益的人，与通过劳动获得收益的人的收益分配差距很大。

人们会因此经历对工作岗位，也就是对生存的新恐惧。过去，敌国的导弹和枪支威胁人们的生存。现在，市场经济创造出的全球化威胁着人们的日常。

对市场经济导致的社会解体现象的抵抗行

动有很多。民间层面有公平交易、工会运动、对全球化的抵抗运动等,国家层面则有经济民主化和福利强化。

在克服市场经济内在矛盾的方案问题上,社会成员的经济想象力是远远不够的,没有人能提供完美的答案,卡尔·波兰尼提出的市场经济对策也不是完美的。

但卡尔·波兰尼激发了我们的想象力,让我们能够探索市场经济新对策,因此他的意义非常重大。我们要重新思考,以人类自私且合理行动的假设与自发调节市场原理为基础的市场经济,会给社会和个人造成怎样的影响?人们在日常生活中为什么这么重视钱?艺术又是怎么跟资本结合在一起,穿上了文化资本的外衣?为什么国家对有些领域的扶持力度很大,

有些领域力度很小，有些领域根本没有扶持？人们为什么反对全球化？世界经济危机为什么频繁发生？为什么利息和地租分配到的收益比工资多？我们不断地追求物质，为什么社会没有变得更幸福？

当下，市场经济作为一种制度，没能给社

会提供安定，反而让人们对未来充满恐惧。这也再次表明了新经济想象力的必要性。所以我们要以批判性的眼光看待支配人类意识的市场经济"神话"，探索出应对方案。就像上面提到的那样，卡尔·波兰尼从历史学、人类学、批判性的角度对支配着我们生活的市场经济的逻辑进行了阐述，他强调了新的经济想象力的必要性。

卡尔·波兰尼希望我们具有建立在批判性省察基础上的新经济想象力，并且鼓励我们能拥有把这样的想象力付诸实践的勇气：

"平凡时代适用的定论，无法直接适用于混乱和变革的时代。我们需要能以新经济想象力来解决问题的定论。"